I CHING

Sarah Dening

I CHING
EL LIBRO DE LOS CAMBIOS

libros
cúpula

Diseño de cubierta: Víctor Viano

Título original: *The Everyday I Ching*
Traducción: M.ª José Vázquez
© 1995 Sarah Dening
© Grupo Editorial Ceac, S.A., 1998
Para la presente versión y edición en lengua castellana
Libros Cúpula es marca registrada por Grupo Editorial Ceac, S.A.
ISBN: 84-329-1232-8
Depósito legal: B. 1.497-1998
Gráficas y Encuadernaciones Reunidas, S.A.
Impreso en España - *Printed in Spain*
Grupo Editorial Ceac, S.A. Perú, 164 - 08020 Barcelona
Internet: http://www.ceacedit.com

Agradecimientos

Sería imposible mencionar a todas las personas que me han ayudado a llevar a buen fin este libro. Mi gratitud a todas ellas. En particular, me gustaría dar las gracias a Richard por cocinar sin rechistar mientras yo me convertía en una adicta al trabajo; a Ian Fenton, el primero en inspirarme la idea de escribir este libro; a Georgina Eden y a Mary-Ann Pereira por su cariño e indefectible apoyo moral; y por último, pero en modo alguno el menos importante, a Ean Begg por su constante estímulo.

*Dedicado con todo mi cariño y gratitud
a la memoria de C.G. Jung*

Introducción

El *I Ching* o *Libro de las Mutaciones* es originario de China y se remonta al tercer milenio a. de C. Como la mayor parte de la sabiduría antigua, durante mucho tiempo su transmisión fue oral. Se cree que fue escrito por primera vez en torno al año 1123 a. de C. por el Rey Wen y su hijo, el Duque de Chou. Más tarde, el sabio pensador Confucio le añadió comentarios personales.

¿Qué es el *I Ching*? Se trata de una guía para enfrentarse de la mejor forma posible a cualquier circunstancia de la vida. Además de inventar la brújula que nos orienta en el mundo físico,* los chinos crearon el *I Ching* para ayudarnos a hallar el rumbo correcto en la vida cotidiana. Basado en el principio de que todo está sometido a una continua mutación, el *I Ching* nos enseña cómo, cuándo y dónde actuar. Es un libro eminentemente práctico, y la sabiduría que contiene es tan convincente como la de la Biblia.

Hasta hace un siglo aproximadamente, el *I Ching* era más o menos desconocido en Occidente. En los últimos años, su difusión ha ido en aumento, junto con otros aspectos de la cultura clásica china: el taoísmo, el budismo, las artes marciales, la acupuntura y las plantas medicinales. Los métodos terapéuticos chinos, en particular, suscitan un interés creciente en el mundo occidental. ¿Por qué? A diferencia de la medicina occidental, empeñada en tratar los síntomas, el método chino se dirige a las causas latentes. Desde su punto de vista, esas causas sólo pueden ser correctamente diagnosticadas si se examina de manera exhaustiva el campo energético del paciente. Esta forma de considerar el cuerpo atrae a un creciente número de personas, quizá porque en una sociedad como la nuestra, tan mecanizada y tan dominada por la técnica, preferimos ser tratados como algo más que máquinas cuyos engranajes deben ser reparados o sustituidos cuando se estropean.

* Mi agradecimiento a la Dra. Anne Maguire por prestarme esta metáfora.

Para entender cómo funciona el *I Ching*, podemos compararlo con la acupuntura, basada en principios similares. El acupuntor se concreta en el flujo de energía del cuerpo. La enfermedad acaba por aparecer donde se producen desequilibrios o bloqueos de ese flujo. Cuando se han hecho la correcciones adecuadas en el campo energético, el cuerpo recupera las condiciones óptimas para curarse por sí mismo. El mecanismo del *I Ching* es similar, pero no en lo que atañe al cuerpo sino a las situaciones con las que tropezamos en la vida. Esas situaciones son consideradas como campos energéticos en los que actúan distintas fuerzas que crean un particular estado de cosas. Así pues, si queremos cambiar la situación, primero tendremos que hacer lo necesario para modificar el flujo de energía subyacente. Esto beneficiará la situación en su conjunto, del mismo modo que las agujas del acupuntor afectan a todo el cuerpo. El *I Ching* identifica las fuerzas desencadenadas en la situación y recomienda la acción o actitud más apropiada según las circunstancias. En otros términos, nos dice lo que tiene que suceder para que las cosas mejoren.

¿Cómo lo hace? Para los chinos hay dos principios básicos en la vida: la fuerza masculina o *yang* y la femenina o *yin*. (Quien esté familiarizado con el lenguaje informático verá que se trata de un sistema binario.) El *I Ching* consta de 64 hexagramas, o figuras de seis líneas que forman diferentes combinaciones. Hay dos tipos de líneas, una quebrada y otra entera, que representan los principios del *yang* y el *yin*. Se dice que los hexagramas, cada uno de los cuales tiene un nombre, simbolizan todos los posibles tipos de situaciones que se pueden encontrar en la vida. Esto significa que cualquier circunstancia con la que tropezamos está compuesta de una particular combinación de energía *yin* y energía *yang*. Un resultado satisfactorio deriva, como hemos visto, de identificar las fuerzas y corregir los desequilibrios.

El gran psicólogo C. G. Jung, en su espléndido prólogo a la traducción clásica del libro llevada a cabo por Richard Wilhelm, afirmaba que el *I Ching* opera según lo que él llamaba el *principio de sincronicidad*, o coincidencia significativa. Es decir, cuando arrojamos las monedas, es significativa la forma en que caen; el hexagrama resultante refleja la sabiduría que existe en la mente subconsciente pero que permanece en gran parte oculta. Concentrándonos en la situación y por medio de las monedas, podemos acceder a esos niveles profundos. Y seguramente es verdad que el uso del *I Ching*, a la larga, incrementa los poderes de intuición.

¿Por qué en Occidente el *I Ching* ha adquirido tanta relevancia hoy en día? Todos nosotros experimentamos cambios día tras día. En este aspecto, la vida es hoy como lo fue para quienes vivieron hace miles de años. La cultura china ha considerado siempre los cambios como una parte intrínseca al flujo de la vida. Como occidentales, podemos aprender mucho de este punto de vista. En nuestro afán de seguridad, quizás intentamos agarrarnos a un trabajo que no nos satisface, a una relación que se ha agotado o a la juventud que se nos escapa a medida que envejecemos. Tendemos a vivir los cambios como una amenaza y no como un reto; en consecuencia, a menudo no vemos las posibilidades inherentes a la nueva situación. El *I Ching* indica cómo podemos hacer frente a los cambios de la forma más inteligente y armoniosa. Con su ayuda podemos convertirnos en expertos en el arte de la versatilidad; y, en un mundo que cambia tan rápidamente como el actual, necesitamos esta habilidad mucho más que en tiempos pasados.

El *I Ching no* es un libro para predecir la suerte, ni un sustitutivo del sentido común. Sirve como guía en situaciones en las que no sabemos qué rumbo tomar. Si se utiliza bien, intensificará nuestras vidas como si se tratara de un amigo sabio y fiable.

Cómo consultar el I Ching

Qué se necesita

Además de este libro, necesita bolígrafo, papel y tres monedas. Si es posible, utilice monedas chinas que son redondas con un agujero cuadrado en el centro. Pero todas sirven si tienen el mismo tamaño y valor. Antes de utilizarlas por primera vez, lávelas o sumérjalas en agua salada para purificarlas y consagrarlas al I Ching; resérvelas exclusivamente para este fin y guárdelas en una caja o bien envueltas. No deje que otras personas las toquen.

Preparativos

Relájese y aligere la mente de toda preocupación. Luego concéntrese en lo que quiere preguntar. A mucha gente le agrada crear un ambiente ritual que ayude a alcanzar el estado mental adecuado. Basta con algo tan sencillo como encender una vela, adoptar una postura cómoda y hacer unas cuantas inspiraciones profundas.

Cómo formular la pregunta

Si quiere una respuesta comprensible, plantee la pregunta de forma clara y evite estructuras disyuntivas. Por ejemplo, «¿Me convendría aceptar el trabajo en Smith y Cía.?» es una pregunta precisa y concreta; en cambio, «¿Acepto el trabajo en Smith y Cía. o espero noticias de Jones S.L.?», sería una pregunta demasiado confusa. Por otra parte, también puede pedir al I Ching que le dé su punto de vista sobre una situación. Por ejemplo, algo así

como «¿Haría el favor de hablarme de las dificultades que tengo con Jane?».
La respuesta indicará la forma más conveniente de encarar el problema.

Cómo hacer el hexagrama

Agite en la mano las monedas y arrójelas sobre una superficie lisa y despejada. Tradicionalmente, la cara vale tres y la cruz, dos. Si utiliza monedas chinas, el lado con figuras grabadas vale dos y el reverso, tres.

Obtendrá así una de cuatro combinaciones posibles, cada una de las cuales se representa con una línea quebrada o entera:

Tres cruces	$3 \times 2 = 6$	—✕—
Tres caras	$3 \times 3 = 9$	—○—
2 cruces + 1 cara	$2 + 2 + 3 = 7$	———
2 caras + 1 cruz	$3 + 3 + 2 = 8$	— —

Anote cualquiera de las líneas obtenidas; ésta será la línea *superior* o *inicial* del hexagrama. Conservando siempre en mente la pregunta, repita la misma operación cinco veces más y vaya anotando las líneas unas sobre otras hasta haber obtenido el hexagrama o figura de seis líneas.

Ejemplo

Lugar de cada línea en el hexagrama	Combinación de las monedas arrojadas	Valor total de las monedas	Tipo de línea
Lugar superior	3 caras	9	—○—
Quinto	2 caras + 1 cruz	8	— —
Cuarto	2 caras + 1 cruz	8	— —
Tercer	2 caras + 1 cruz	8	— —
Segundo	3 caras	9	—○—
Lugar Inicial	2 caras + 1 cruz	8	— —

Cómo identificar su hexagrama

Ahora ya puede averiguar qué hexagrama se ha dibujado. Las tres líneas inferiores se llaman «trigrama inferior». Las tres líneas superiores configuran el «trigrama superior». En el ejemplo anterior,

el trigrama superior es ——O——   y el inferior es —— ——
                        —— ——   ——O——
                        —— ——   —— ——

Prescindiendo por el momento de las marcas O y X [considérelas por ahora simplemente como líneas quebradas (—— ——) o enteras (————)], consulte el gráfico al final del libro; mire la hilera horizontal de trigramas (descritos cada uno de ellos con un nombre chino) y busque el que coincida con el trigrama superior de nuestro hexagrama. Luego mire la hilera vertical de trigramas en la parte izquierda del gráfico e identifique el que se corresponde con el trigrama inferior. En la casilla donde se cruzan está el número del hexagrama que hemos obtenido. Comprobará usted que se trata de la casilla número 4, que se llama «La Necedad Juvenil». Muy interesante, pues antes de escribir este apartado, pedí al *I Ching* un hexagrama de ejemplo para ayudar a la gente a aprender cómo funciona ¡y me ha aparecido «La Necedad Juvenil»!

Las líneas móviles

Notará usted que la línea superior y la segunda del hexagrama que utilizamos de ejemplo están marcadas con un círculo. Eso indica que son «líneas móviles», así llamadas porque se transforman en sus líneas opuestas. La línea continua ———— se convierte en una línea partida—— ——. Cuando un hexagrama contiene líneas móviles, el paso siguiente es transformarlas en sus opuestas y construir un nuevo hexagrama. Aquí tenemos lo que ocurre con nuestro ejemplo:

Siga las instrucciones antes dadas para identificar el nuevo hexagrama. Comprobará que se trata del número 2, que se llama «Lo Receptivo». Yo me inclinaría a pensar que esto indica que cuanto más sensible se muestre usted respecto a este nuevo sistema, más aprenderá. Si consulta el apartado «Cómo hacer el hexagrama» (p. 14), verá que hay otro tipo de línea móvil, la que vale 6 —✕—. Cuando esta línea aparezca en un hexagrama, debe transformarla en su opuesta, ———, y proceder a trazar un nuevo hexagrama, como antes.

Sólo las líneas con el valor de 6 o de 9 —tres cruces o tres caras— son líneas móviles y por tanto deben ser transformadas. Las líneas con el valor de 7 o de 8 siguen tal como son en ambos hexagramas. El segundo hexagrama no contendrá líneas móviles.

Si todas las líneas de nuestro hexagrama tienen el valor de 7 o de 8, no hay líneas móviles. En tal caso, sólo tendremos un hexagrama que estudiar. Eso significa que no hay cambios en perspectiva; por el momento la situación es estática.

Cómo leer los hexagramas

1. El primer hexagrama comenta la situación actual, que es explicada en los dos primeros apartados de cada capítulo. Si le ha salido sólo un hexagrama, no siga leyendo los otros apartados.
2. Si le han salido líneas móviles, hay que consultar el tercer apartado, «Otros aspectos de la situación», y leer lo concerniente a nuestras particulares líneas móviles, lo cual nos dará una información adicional acerca de los cambios que pueden estar en el aire. En el ejemplo, los otros aspectos relevantes serían «un nueve en el segundo lugar» y «un nueve en el lugar superior».

16

3. Luego mire el segundo hexagrama, que le hablará de las posibilidades futuras una vez hayan tenido lugar los cambios. Lea de nuevo los dos primeros apartados del comentario, pero esta vez *no* consulte el tercero. Recuerde que este apartado concierne sólo a las líneas móviles.

No se desanime si todo este proceso le parece complicado. Limítese a seguir las instrucciones paso a paso, tómeselo con calma y practique. Cuando haya consultado el *I Ching* unas cuantas veces, verá qué fácil es hacer un hexagrama. En breve tiempo su paciencia será recompensada y habrá aprendido el procedimiento. El *I Ching* no tardará en convertirse en una fuente de consejos gracias a los cuales su vida transcurrirá de la mejor forma posible.

Lo que hay que hacer y lo que no hay que hacer

- Acérquese al *I Ching* con respeto, como si fuera un sabio amigo.
- Plantee las preguntas con espíritu abierto. Si la respuesta no es la que esperaba oír, recuerde que al *I Ching* le interesa ayudarnos a obrar como es debido. ¡No tiene interés alguno en reafirmar su ego!
- Anote en una libreta especialmente reservada para ello las preguntas y las respuestas. Esta medida lo ayudará a intimar con el *I Ching*.
- No plantee preguntas cuando lo inquieten otras cosas. El *I Ching* tiende a responder a lo que preocupa a su mente en ese momento. Si no ha despejado usted su mente de inquietudes, es posible que el *I Ching* haga observaciones sobre esos asuntos y no sobre la pregunta en cuestión.
- No utilice el *I Ching* como un juego para pasar el rato. Su objetivo es servir de guía cuando tenga que llevar a cabo alguna elección. Si le plantea preguntas estúpidas, dará respuestas absurdas.
- No plantee la misma pregunta una y otra vez. Si lo hace, posiblemente el *I Ching* responda con el hexagrama número 4 («La Necedad Juvenil»), que es su forma de echarle un rapapolvo. Solamente puede hacerlo si se encuentra usted en una situación estancada. En tal caso, puede preguntar de vez en cuando si hay algún cambio en el aire.

1

Lo Creativo

━━━━━━━━━━
━━━━━━━━━━
━━━━━━━━━━
━━━━━━━━━━
━━━━━━━━━━
━━━━━━━━━━

*Tengo que crear un sistema, o ser esclavizado por el de otro hombre;
no razonaré ni compararé; a mí me corresponde crear.*

WILLIAM BLAKE

Tiene usted el éxito asegurado con este hexagrama. Como sus metas son valiosas y no puramente egoístas, es posible alcanzarlas. Es el momento oportuno de desarrollar una gran actividad. Prepárese a poner en marcha sus planes. Se pondrá a la cabeza de los demás. Un alto nivel de confianza le proporcionará sobrada energía. Utilícela en beneficio de todos los implicados. Puede encontrar formas muy creativas para resolver problemas y alcanzar metas ambiciosas. Mire hacia adelante. Sopese las consecuencias de sus acciones. Es esencial aprovechar el tiempo. No se precipite en tomar iniciativas apresuradas. Consolide su ventajosa posición y no desperdicie sus energías en asuntos triviales o irrelevantes. Muéstrese positivo y decidido a lograr los objetivos. No se comprometa en algo indigno de usted. Es un momento muy favorable; procure aprovecharlo bien.

Una oportunidad para el crecimiento personal

La energía dinámica, a menos que se utilice con prudencia, puede resultar destructiva. Cuanto más poder tenga, más empeño debe poner en no abusar de él. En estos momentos, se encuentra en una posición de considerable influencia. Dedíquela a fines positivos y se verá convertido en una fuente de inspiración para el prójimo; pero, si la usa de forma negativa, podría usted originar un desastre. Actúe con responsabilidad. Preste ayuda a los demás. Guárdese del exceso de ambición y orgullo. Sea particularmente considerado con los sentimientos de la gente y tenga en cuenta sus puntos de vista. Sea amable y tolerante. Si las cosas no transcurren de acuerdo a sus planes, tenga paciencia. Evite la arrogancia y no desperdicie las oportunidades de aprender.

Otros aspectos de la situación

UN NUEVE AL INICIO
Sea paciente. Aún no ha llegado el momento de actuar. Todavía no entiende usted del todo lo que está en juego. Espere a que el panorama se clarifique. Hasta ese momento, procure pasar inadvertido.

UN NUEVE EN EL SEGUNDO LUGAR
Póngase el listón bien alto. Sus capacidades lo cualifican para intervenir en la situación. Pero aún no se encuentra en posición de que su valía pueda ser realmente apreciada. Le resultaría muy ventajoso colaborar con alguien que ya estuviera implicado en su campo de interés.

UN NUEVE EN EL TERCER LUGAR
Se le brindan nuevas oportunidades. Sin perder de vista sus metas, elija con sumo cuidado basándose en lo que considera apropiado. No se preocupe por agradar a los demás o por intentar satisfacer sus necesidades. Sea consciente de sus prioridades personales y no se distraiga en cuestiones de poca monta. No peque de ambicioso.

UN NUEVE EN EL CUARTO LUGAR
Se encuentra usted en una encrucijada: puede adoptar un papel más activo en la situación o bien abandonar para dedicarse a otros intereses. La

elección depende de lo que mejor encaje con su temperamento. Si es sincero consigo mismo y se deja llevar por la intuición, tomará sin duda la decisión adecuada.

UN NUEVE EN EL QUINTO LUGAR

Es ésta una de las posiciones más favorables. Indica que puede usted conseguir cualquier cosa. Aproveche bien sus recursos. Aspire a lo máximo y actúe como mejor le sea posible. Posee usted una influencia considerable. Utilícela bien.

UN NUEVE EN EL LUGAR SUPERIOR

Es usted demasiado ambicioso. Si lleva las cosas muy lejos, perderá el contacto con la realidad. Tiene que saber cuándo frenar. Esto lo protegerá del peligro de dejarse arrastrar a los extremos. Recuerde que el orgullo precede a la caída.

Nota. Cuando todas las líneas tienen el valor de nueve, el aspecto global de la situación se transforma. Lo Creativo y Lo Receptivo están perfectamente equilibrados. Se prevé una suerte excepcional. Su influencia será extremadamente beneficiosa.

2

Lo Receptivo

¡Oh, señora! Recibimos solamente lo que damos,
y en nuestra vida la Naturaleza vive a solas.

Coleridge

En estos momentos, una actitud receptiva es la clave para hacer frente a las circunstancias. No intente controlar la situación o tomar iniciativas sin consultar a los demás. El resultado podría ser desastroso. Pero eso no significa que no pueda usted hacer nada; al contrario, debe elegir y tomar decisiones. Lo importante es cómo encarar la cuestión. Sea receptivo; dispóngase a escuchar y a aprender. Intente descubrir lo que la situación precisa. Averigüe qué puede ser más conveniente para los intereses de las personas implicadas. Pertrechado con esa información, estará en posición de decidir cuál es la aportación más útil que puede usted realizar. Sea generoso y muéstrese dispuesto a ayudar a los demás. Sus capacidades y recursos podrían reportar a todos un considerable beneficio. Discuta las posibles consecuencias con amigos y conocidos que puedan ayudarlo a tomar una decisión. Se apunta un gran triunfo.

Una oportunidad para el crecimiento personal

El recurso más valioso en estos momentos es la intuición. Esa sutil y tenue voz interior se olvida con excesiva facilidad. Y sin embargo, representa una fuente interior de sabiduría que puede guiarlo en la dirección necesaria. Se trata de un conocimiento natural e instintivo que no tiene nada que ver con el pensamiento consciente. Pero el ritmo y el ruido de la vida cotidiana dificultan que la oigamos. Intente encontrar un momento de soledad en el ajetreo de la vida y reflexione sobre la situación. Así tendrá ocasión de sintonizar lo que realmente quiere, necesita, piensa y siente. Los puntos de vista de los demás son inestimables. Pero a menos que no tenga usted una idea clara de dónde está, se encontrará sumido en la confusión.

Otros aspectos de la situación

UN SEIS AL INICIO

Vigile de cerca los acontecimientos. Tenga paciencia. Hágase a la idea de que los asuntos deben seguir su ritmo. Esté ojo avizor a la menor señal de que las cosas van mal. Si puede cortar de raíz los problemas en su inicio, se ahorrará posteriores dificultades.

UN SEIS EN EL SEGUNDO LUGAR

No tiene que montar un número ni desviarse de su camino para hacer un esfuerzo especial. Basta con que sea como es. Limítese a hacer lo que hay que hacer de forma sencilla y directa. Si es consecuente consigo mismo y actúa con naturalidad, instintivamente hará lo que debe.

UN SEIS EN EL TERCER LUGAR

Haga lo que tenga que hacer con discreción y eficiencia. Por ahora no pretenda galardón a sus esfuerzos. Sus méritos serán reconocidos y recompensados a su debido tiempo. Entretanto, preocúpese sólo de obrar lo mejor que pueda.

UN SEIS EN EL CUARTO LUGAR

Problemas a la vista. Sea extremadamente prudente. Procure pasar inadvertido. Evite hacer o decir algo que pueda originar una confrontación. Guárdese para usted sus ideas, pensamientos y sentimientos.

UN SEIS EN EL QUINTO LUGAR

Sea discreto y comedido. No llame la atención ni intente impresionar a los demás con sus logros. Una actitud prudente le reportará un enorme éxito.

UN SEIS EN EL LUGAR SUPERIOR

No se involucre en luchas por el poder. Si persiste en competir, se creará serias dificultades para sí mismo y para los demás. Sea flexible y muéstrese dispuesto a colaborar.

Nota. Si todas las líneas tienen el valor de seis, el éxito coronará su capacidad de sopesar y analizar las cosas. Su afán por perseverar ante las dificultades le aportará una considerable fuerza interior.

3

La Dificultad Inicial

En medio de la dificultad yace la oportunidad.

ALBERT EINSTEIN

Comienza un nuevo ciclo. Eso significa que no puede usted evitar un cambio en algún aspecto de su vida. Cosas que hasta ahora le habían parecido importantes puede que ya no tengan el mismo significado. Se sorprenderá a sí mismo cuestionando opiniones que hasta ahora daba por sentadas. La situación es confusa. Está usted abandonando la comodidad de lo familiar y de lo seguro para adentrarse en territorio desconocido. Hay tantas y tan diferentes posibilidades que resulta difícil saber cuál es la mejor. Le vendría bien el consejo de alguien con la experiencia suficiente para entender su apurada situación. Pero en último término, la decisión será solamente suya. Por ahora se encuentra usted completamente a oscuras y no le vendría mal una ayuda que proyectara alguna luz sobre la situación. Un punto de vista más experimentado lo ayudará a clarificar pensamientos y sentimientos.

Una oportunidad para el crecimiento personal

El desafío reside en refrenar la impaciencia. Puede que se sienta tentado de aprovechar la primera oportunidad que parezca ofrecerle una salida; pero ello podría resultar precipitado y peligroso. Conserve la calma y aguarde. En el texto antiguo se compara su situación con la de una brizna de hierba que debe abrirse paso a través de la tierra hacia la luz del día; sólo logrará hacerlo cuando sea suficientemente fuerte. Pero el proceso de madurez no puede apresurarse; por tanto, refrénese y ahorre sus energías. Su línea de acción se clarificará; es sólo cuestión de tiempo. No hay duda de que el resultado acabará siendo muy positivo.

Otros aspectos de la situación

UN NUEVE AL INICIO

Justo al principio ha tropezado usted con un obstáculo a sus planes. Aunque está decidido a triunfar, no debe intentar seguir adelante sin tomar precauciones. Para hacer frente a la situación, necesita consejo. Procure ser receptivo. Si está dispuesto a escuchar y aprender, encontrará la ayuda que necesita.

UN SEIS EN EL SEGUNDO LUGAR

La situación es frustrante. Le gustaría avanzar, pero no puede. Como caída del cielo, surge una solución inesperada. Podría usted caer en la tentación de agarrarse a ella como rápida salida a todas las dificultades. Pero, aunque sea perfectamente legítimo, no es lo que más le conviene en estos momentos, pues podría acabar pagando un precio muy alto por haber obrado con precipitación. A su debido tiempo, topará usted con la ayuda que realmente le conviene. Hasta entonces, sea paciente y espere.

UN SEIS EN EL TERCER LUGAR

Como se encuentra en terreno desconocido, carece de la experiencia necesaria para hacer frente a la situación. En tales circunstancias, cualquier acción puede empeorar las cosas. Por ahora, renuncie a perseguir su meta.

UN SEIS EN EL CUARTO LUGAR

La situación es demasiado delicada como para hacerle frente a solas. Necesita usted ayuda y la tiene a su alcance. Pero tiene que hacer el primer movimiento y pedir el apoyo que precisa.

UN NUEVE EN EL QUINTO LUGAR

Sabe perfectamente lo que debe hacerse para resolver la situación pero las circunstancias le obligan a ser cauteloso. Permanezca en segundo plano y dé un paso adelante en el momento oportuno utilizando una delicadeza y un tacto extremos. Al final, su paciencia se verá recompensada.

UN SEIS EN EL LUGAR SUPERIOR

Se le presenta la oportunidad de dejar atrás una situación insatisfactoria y avanzar hacia mejores horizontes. Sin embargo, le parece que es demasiado para usted. Debe sobreponerse a una actitud tan derrotista. Nada hay que lo refrene salvo usted mismo.

4

La Necedad Juvenil

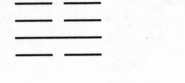

Por lo que podemos discernir, el único propósito de la existencia humana es encender una luz en la oscuridad del mero hecho de ser.

C.G. JUNG

Como carece usted de experiencia en los asuntos que le conciernen, se siente confuso y no sabe qué hacer. Tiene que pedir ayuda. Pero los consejos son útiles sólo si está usted dispuesto a escucharlos; eso implica dejar a un lado cualquier idea preconcebida. No es en modo alguno vergonzoso no saber todas las respuestas. Sea receptivo; si realmente quiere aprender, conseguirá la información que necesita. La Necedad Juvenil puede además indicar que no vale la pena plantear esta pregunta. Quizá conoce usted perfectamente la respuesta y no hay nada más que hablar. Por otra parte, cosa que ocurre a menudo, a lo mejor ya consultó sobre esa cuestión al *I Ching* y obtuvo una respuesta que no deseaba; de ahí que persista con la esperanza de conseguir una contestación más de su agrado. Tal actitud es tan inaceptable para el *I Ching* como lo sería importunar a una persona con la misma cuestión una y otra vez.

Una oportunidad para el crecimiento personal

Prepárese a aprender algo nuevo y quizás inesperado. Posiblemente sus ideas experimenten un cambio considerable. Si carece usted de prejuicios, ahora puede abrírsele un nuevo campo de conocimiento. Cuando pida ayuda, no tiene que demostrar lo inteligente que es a la persona consultada. A usted le corresponde aprender; y a nadie le agrada tener que enseñar a una persona que se cree que lo sabe todo. La forma más inteligente de aprender es asumir que no se sabe nada. De ese modo no hay otra salida excepto aprender. Puede darse la situación de que sea usted la persona a quien le piden ayuda. Si intuye que sus consejos están cayendo en oídos sordos, no se sienta obligado a continuar dándolos. No hay razón para que pierda su tiempo de esa forma.

Otros aspectos de la situación

UN SEIS AL INICIO
Si de verdad quiere cambiar para mejor, prepárese tanto a aprender como a poner en práctica las lecciones. De otro modo, se deslizará por la superficie de las cosas y no conseguirá nada sustancial. Ejercite la autodisciplina pero no de forma tan exagerada que le impida disfrutar de la vida.

UN NUEVE EN EL SEGUNDO LUGAR
Si alguien ha cometido un error, no sea usted severo. Póngase en el lugar del prójimo y muestre un poco de piedad. Recuerde qué difícil puede resultar hacer lo debido. Sea paciente y tolerante.

UN SEIS EN EL TERCER LUGAR
No peque de ambicioso. Conserve la calma y tenga paciencia. Escuche y aprenda. Proceda paso a paso. No comprometa su amor propio en un esfuerzo por conseguir demasiado en poco tiempo.

UN SEIS EN EL CUARTO LUGAR
Sea realista. Si el orgullo y la tozudez le impiden escuchar, al final resultará humillado.

UN SEIS EN EL QUINTO LUGAR

Como tiene una mentalidad abierta y desea con toda el alma aprender, acabará por conseguir su propósito.

UN NUEVE EN EL LUGAR SUPERIOR

Quien constantemente rehúsa aprender quizá necesita ser castigado por sus errores, aunque éste es el último recurso. Si a usted le corresponde llevar a la práctica el castigo, sea objetivo y procure no implicarse emocionalmente. Vaya sólo tan lejos como sea necesario.

5

La Espera

——— ———
——————
——————
——————

Para conseguir cualquier cosa sólo hay que esperar.

H.R. LONGFELLOW

Debe usted esperar pacientemente, confiando en que todo se resolverá de la forma más conveniente. Debido a factores fuera de su control, por el momento no puede emprender una acción directa. Pero eso no significa que deba limitarse a no hacer nada. Tiene que aprovechar este tiempo de espera de manera correcta. Manténgase a distancia y procure hacerse una idea objetiva del asunto. Mire las cosas tal como son y no como a usted le gustaría que fueran. Los espejismos no sirven para nada. Cuando vea la situación con claridad y frialdad, comprenderá por qué valía la pena esperar. En ese momento, empezará a vislumbrar la mejor forma de encarar el problema. Entonces, y sólo entonces, hay que ponerse en acción. Durante este proceso, puede usted mirar cara a cara sus dudas por si hay alguna posibilidad de triunfo. No se preocupe. Persevere firmemente en su objetivo. Cuando llegue el momento propicio, lo conseguirá.

Una oportunidad para el crecimiento personal

Su seguridad interior está siendo puesta a prueba. Intentar y forzar una situación que todavía no está madura podría ser un tremendo error porque quizá podría perder el terreno ganado. Debe aceptar que no le queda otro remedio que aguardar el momento oportuno. Entretanto, intente aprovechar este período de espera de forma creativa: cuídese física y emocionalmente; aumente su fuerza y su energía, y adopte una actitud positiva. Esto lo ayudará a contrarrestar el estrés de la espera. Procure vivir el presente. Tener que esperar no significa abstenerse de vivir. Al contrario, es fundamental que se divierta todo lo que pueda. Comprender todas estas cosas es muy importante para usted.

Otros aspectos de la situación

UN NUEVE AL INICIO
Sea paciente. Hágase cargo de la situación. Aunque se sienta intranquilo, tenga la seguridad de que los problemas duran su tiempo. No sea impaciente.

UN NUEVE EN EL SEGUNDO LUGAR
Si murmuran sobre usted o intentan entablar discusiones, no haga caso. No se deje involucrar ni quiera defenderse. Sólo conseguirá empeorar las cosas. Mantenga la calma y la seguridad en sí mismo. No pierda de vista su objetivo. La situación mejorará.

UN NUEVE EN EL TERCER LUGAR
Se ha creado problemas a sí mismo al dejarse llevar por la impaciencia sin calcular las consecuencias. Ahora se encuentra en una situación delicada. Es posible que salga airoso de ella; pero debe conservar la sangre fría y ser muy prudente. Sopese cuidadosamente los posibles efectos de cada paso que dé.

UN SEIS EN EL CUARTO LUGAR
La situación es crítica. No puede usted ni avanzar ni retroceder. No le queda más remedio que mantenerse firme y dejar que los acontecimientos sigan su curso. Es muy importante que mantenga la calma; una reacción emocional no le serviría de nada. Para poder superar esta situación no debe hacer

nada que lo comprometa aun más. Si espera pacientemente, podrá salir de ella a su debido tiempo.

UN NUEVE EN EL QUINTO LUGAR

Se le presenta un respiro temporal en sus dificultades. Aproveche la ocasión y diviértase. Cargue la batería en espera de la etapa siguiente, pero no sea indulgente consigo mismo. Mantenga el equilibrio entre disfrutar del momento y persistir en la consecución de su meta.

UN SEIS EN EL LUGAR SUPERIOR

El tiempo de espera ha llegado a su fin. Ahora se encuentra usted acosado por las dificultades; parece que éstas no vayan a acabar nunca. Todos sus esfuerzos, aparentemente, han sido en vano. Sin embargo, se produce un inesperado cambio en los acontecimientos. Se le ofrece una ayuda, aunque llega de forma inusual y extraña. Pero debe usted apresurarse a aceptarla pues es un ofrecimiento sincero. Aprovéchelo y obtendrá un feliz resultado.

6

El Conflicto

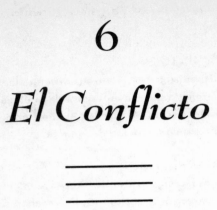

Nadie gana un conflicto a menos que haya comprendido
y se haya informado sobre el tema o la naturaleza del contendiente.

El líder como luchador marcial, ARNOLD MINDELL

El conflicto ha estallado porque usted no ha aclarado su posición desde
buen comienzo. Esto le servirá de lección en el futuro. Una vez involucrado
en el conflicto, tiene que buscar una solución. Mantenga la serenidad y la
calma. Una actitud agresiva sólo empeoraría la situación. Antes de hacer un
movimiento, pregúntese lo que espera conseguir y no haga nada que pueda
impedírselo. Cuando se produce una quiebra en la confianza, se necesita una
perspectiva imparcial. Esto puede significar involucrar a alguien en quien se
pueda confiar para que actúe de mediador. Se obtendrá el resultado más satisfactorio, si todas las partes en litigio tienen la impresión de haber ganado
algo. Para que tal cosa suceda, usted debe prestar oídos al punto de vista del
adversario. No emprenda nuevos proyectos ni haga cambios importantes en
su vida hasta que se resuelva el conflicto.

Una oportunidad para el crecimiento personal

No se adelanta nada prolongando el conflicto hasta el final, aunque tenga usted razón. Así sólo se consigue aumentar el rencor. Si ninguna de las partes en litigio está dispuesta a llegar a un acuerdo, la situación se irá deteriorando. En cambio, si usted está decidido a ceder un poco, puede llegarse a una solución. Quizá su orgullo resulte algo malparado, pero una actitud flexible en semejantes circunstancias es una señal de fortaleza; no significa ceder. Al contrario, debe mantener su postura; pero esto no le impide escuchar el punto de vista contrario e intentar comprender su postura. Aunque una discusión puede ser dolorosa en estos momentos, algo positivo puede surgir de ella. Un conflicto puede servir para arrancarlo de su punto de vista habitual y abrirle nuevos horizontes.

Otros aspectos de la situación

UN SEIS AL INICIO

Detenga el conflicto que acaba de surgir. Será relativamente fácil solucionar la cuestión sin provocar demasiados rencores. Puede haber algunas discusiones de poca monta, pero el resultado final será positivo.

UN NUEVE EN EL SEGUNDO LUGAR

No vale la pena enzarzarse en un conflicto con alguien cuya posición es más poderosa, pues no tiene usted posibilidades de ganar. No se deje arrastrar, aunque eso le cueste tragarse el orgullo. Las consecuencias de una derrota afectarían tanto a los demás como a usted mismo.

UN SEIS EN EL TERCER LUGAR

En estos momentos la estrategia elegida va por buen camino. No intente nuevas iniciativas para ganar reconocimiento. Ha conseguido algo sólido y valioso. Conténtese con ello y procure pasar inadvertido.

UN NUEVE EN EL CUARTO LUGAR

No intente obtener una ventaja personal suscitando un conflicto con alguien más débil. Si presta oídos a su conciencia, se dará cuenta de su error. Desista de tal idea y ganará paz y tranquilidad de espíritu.

UN NUEVE EN EL QUINTO LUGAR

Para resolver el conflicto de forma satisfactoria, debe hacerse justicia. Para actuar de mediador, necesitará usted la ayuda de alguien cualificado en cuyo juicio pueda confiar.

UN NUEVE EN EL LUGAR SUPERIOR

Si lleva usted el conflicto hasta sus últimas consecuencias, indudablemente será el vencedor. Pero el precio de la victoria resultará alto y no se ganará el respeto de los demás. Se verá constantemente asediado. ¿Vale la pena perder la paz de espíritu por eso?

7

El Ejército

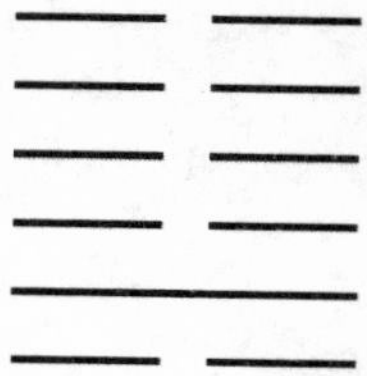

... dejé muy claro al Octavo Ejército que tales «quejas» no serían toleradas.

General Montgomery

Un ejército necesita un líder fuerte que sepa cómo ganarse la confianza de las tropas e inspirarles valor. Al mismo tiempo, debe saber cómo ejercer la autoridad y hacerse obedecer. Esto significa que depende de usted tomar las riendas de su destino. Debe usted organizar sus recursos de la forma más efectiva. El primer paso consiste en saber exactamente lo que quiere conseguir. Necesita usted sentirse ilusionado con sus metas, de otro modo le resultará difícil perseverar si las circunstancias se muestran adversas. Por tanto, tiene usted que tomar decisiones en el curso de la acción para asegurarse la victoria. Sea receptivo a ideas nuevas. Actúe sólo tras haber sopesado las consecuencias de lo que se propone y persista hasta haber conseguido su objetivo. Sea generoso y animoso y la gente colaborará.

Si su pregunta se refería a un problema de relación personal, los principios son los mismos. Decida qué resultado le agradaría y dé los pasos necesarios para lograrlo. No actúe de forma contraproducente.

Una oportunidad para el crecimiento personal

La autodisciplina es la clave para triunfar en esta situación. No se deje dominar por las emociones. Considérelas como tropas a las que no se puede permitir que destrocen su vida. Usted, como líder, necesita controlarse. En una situación como ésta, no puede permitirse el lujo de ser impaciente o autoindulgente. Algún sacrificio a corto término puede resultar beneficioso a la larga para sus intereses. Al mismo tiempo, no debe ser demasiado duro consigo mismo. Esto sólo le acarrearía perder valor en el momento en que más necesita incrementar su fuerza interior y su seguridad. Éstas son precisamente las cualidades que le harán superar las dificultades.

Otros aspectos de la situación

UN SEIS AL INICIO

No se deje arrastrar por una marea de entusiasmo. Si se lanza ciegamente, el resultado será el caos. Si no pone en práctica la autodisciplina, se meterá en líos.

UN NUEVE EN EL SEGUNDO LUGAR

Puede influir en la situación de una manera muy positiva. Sea diplomático y no pierda de vista su meta. Si se muestra flexible, podrá sacar ventaja de los acontecimientos.

UN SEIS EN EL TERCER LUGAR

No corra riesgos. No se encuentra en una posición segura. Si actúa sin sopesar las consecuencias, ni siquiera sus esfuerzos más loables conseguirán nada.

UN SEIS EN EL CUARTO LUGAR

No hay por qué luchar contra fuerzas abrumadoras. Retírese y no haga nada por ahora.

UN SEIS EN EL QUINTO LUGAR

Hay que encarar el problema. La determinación, aunque esencial, no basta para asegurar un resultado positivo. Necesita además poner en juego toda la experiencia y sabiduría a su alcance. No dude en consultar a otras personas si ello puede servirle de ayuda. Sea receptivo.

UN SEIS EN EL LUGAR SUPERIOR

Ahora que ha alcanzado usted su meta, guárdese de mostrarse demasiado ufano; podría ser que las cosas se torcieran. Agradezca la ayuda recibida. Si está delegando responsabilidades, valore cuidadosamente la capacidad de las personas. Cuidado con arrojar por la borda lo que ha conseguido.

8

La Solidaridad

‗‗ ‗‗
‗‗‗‗‗‗
‗‗ ‗‗
‗‗ ‗‗
‗‗ ‗‗
‗‗ ‗‗

El compañerismo es el cielo, y la ausencia
de compañerismo es el infierno.

WILLIAM MORRIS

El problema atañe a su relación con un grupo. Sea cual sea la particular
naturaleza del grupo, su buen funcionamiento depende de que todos los integrantes compartan una misma forma de pensar; deben tener valores comu-
nes. Un grupo bien vertebrado prestará valiosos servicios a sus miembros.
Por tanto, no le quepa duda de que formar parte de él lo ayudará a desarrollar
sus cualidades personales y, a la vez, le brindará la posibilidad de colaborar
en el bienestar común. Cuando un grupo funciona, sus miembros se benefician de un espíritu de mutuo apoyo y cooperación. Si piensa usted adherirse a
alguno, no pierda tiempo. Los que ya lo han hecho están creando lazos a par-
tir de experiencias compartidas. Si tarda usted en participar de ese proceso,
le será imposible integrarse de forma satisfactoria.

Una oportunidad para el crecimiento personal

Si lo están invitando a asumir el papel de líder de grupo, el *I Ching* le recomienda una nueva consulta para saber si realmente tiene usted las cualidades necesarias, es decir, la honradez, la seriedad y la resistencia. Sin estas cualidades, hará más mal que bien. Como líder, necesita una personalidad estable unida a un considerable sentido de la responsabilidad; además debe estar motivado por un deseo sincero de servir a los intereses del grupo. Como líder debe ser capaz de resistir frente a presiones. Cualesquiera que sean sus inclinaciones personales, no puede evidenciar favoritismos. Los miembros del grupo tienen que saber que pueden confiar en su sentido de la ecuanimidad. Un grupo funciona saludablemente cuando demuestra respetar la dignidad individual de sus miembros, y el líder debe tener la capacidad de hacerlo posible.

Otros aspectos de la situación

UN SEIS AL INICIO
La única base sólida para entablar relaciones es la sinceridad absoluta. Importa quién es usted, no lo que dice. Si se comporta con honradez y modestia, atraerá a las personas que más le convienen. La situación resultará inesperadamente favorable.

UN SEIS EN EL SEGUNDO LUGAR
Si es fiel a sí mismo en cualquier circunstancia, se ganará buenos amigos. No se preocupe si otras personas le muestran o no su aprobación. Si se deja llevar por semejantes consideraciones, perderá la dignidad y el amor propio.

UN SEIS EN EL TERCER LUGAR
Se relaciona usted con gente poco recomendable. Confiar en quienes no lo comprenden no resulta beneficioso. Además, intimar demasiado con esas personas podría impedirle entablar relaciones más convenientes.

UN SEIS EN EL CUARTO LUGAR
Deposite su lealtad en alguien cuya posición influyente pueda servirle de estímulo. Pero no pierda ni su dignidad ni su amor propio.

UN NUEVE EN EL QUINTO LUGAR

Sea sincero en palabras y obras. Se ganará la confianza de las personas con las que tiene usted intención de asociarse. No necesita correr tras ellas o recurrir a tácticas persuasivas. Las relaciones auténticamente sinceras se entablan con sencillez y naturalidad.

UN SEIS EN EL LUGAR SUPERIOR

Si ha desperdiciado usted la oportunidad de unirse a otras personas, lo lamentará profundamente. No le sirve de nada mantenerse en una posición de aislamiento. Necesita encontrar su lugar en un grupo para desarrollar su potencial.

9

La Fuerza Domesticadora de lo Pequeño

Aunque los molinos del Señor muelen despacio,
muelen sumamente fino.

Justo castigo, H.W. LONGFELLOW

Se vislumbra la promesa de un éxito remoto. Pero las circunstancias son tales que por ahora es imposible que tome una iniciativa importante. Sea prudente. No es aconsejable hacer una exhibición de fuerza. Sus capacidades son considerables pero su posición no está lo suficientemente afianzada como para permitirle influir en la situación. Lo único que puede hacer es preparar poco a poco el terreno para los cambios que se avecinan. Ponga especial atención en los detalles de los asuntos cotidianos. Aproveche el tiempo de espera para trazar planes, reunir información y quizá comentar la jugada con otras personas. Que no parezca que está intentando forzar los resultados.

Una oportunidad para el crecimiento personal

Seguramente está usted deseoso de precipitar los acontecimientos. Pero debe tener paciencia y reservar sus fuerzas para cuando la situación mejore. Adopte una perspectiva a largo plazo y ejercite el autodominio, que, a su debido tiempo, le reportará pingües dividendos. Por el momento, en su trato con los demás, se requiere una actitud amable y discreta. Quizá tenga que aguantar una cierta incomprensión o desconsideración por parte de quienes lo rodean. Pero si es tolerante, quizá pueda recurrir a un cierto grado de persuasión amistosa. Poco a poco, se ganará la confianza de los demás. Por ahora, sólo puede aspirar a ejercer alguna influencia en pequeños detalles.

Otros aspectos de la situación

UN NUEVE AL INICIO

Aunque se sienta preparado para un cambio, cualquier iniciativa que tome se verá bloqueada. Tenga paciencia. No intente controlar los acontecimientos. Concéntrese en ocuparse de los asuntos cotidianos.

UN NUEVE EN EL SEGUNDO LUGAR

Quizá se siente tentado a actuar. No haga nada temerario. Examine cómo se las han arreglado otras personas en una situación similar. Se dará cuenta de la sabiduría que encierra la prudencia y la colaboración con el prójimo. De otro modo, se arriesga a perder su amor propio. Verse involucrado en un conflicto podría resultarle perjudicial.

UN NUEVE EN EL TERCER LUGAR

El exceso de confianza en su propio talento podría llevarle a actuar con temeridad. Se está arriesgando al forzar los asuntos en circunstancias obviamente adversas. En el conflicto que podría derivarse perdería usted la dignidad y se pondría en una posición difícil.

UN SEIS EN EL CUARTO LUGAR

Lo importante es ser absolutamente honesto y sincero. No se angustie ni permita que sus responsabilidades le ocasionen estrés. Aunque la situación está cargada de dificultades, su seguridad inspira respeto. Conseguirá la colaboración de otras personas.

UN NUEVE EN EL QUINTO LUGAR

Una relación basada en el apoyo mutuo es enriquecedora para las personas implicadas. Si comparte sus recursos individuales en un esfuerzo común, se verá recompensado.

UN NUEVE EN EL LUGAR SUPERIOR

Conseguir su objetivo le está costando un considerable esfuerzo. Es aconsejable que se tome un respiro y se conforme con lo que tiene. No tiente al destino ambicionando más.

10

El Porte

≡≡
≡≡
≡ ≡
≡≡
≡ ≡
≡≡

Pise con cuidado: está usted pisando mis sueños.

W.B. YEATS

Capear con éxito una situación difícil depende de estar bien preparado. Surgirán problemas si es usted imprudente y se expone a riesgos deliberadamente. Mire bien dónde pisa. Piense antes de iniciar un movimiento. Avance despacio pero con firmeza. Evite hacer demasiadas cosas a la vez. No utilice métodos radicales. Limítese a los que son de probada eficacia. Aunque no se encuentre en una posición segura, puede hacer progresos poniendo sumo cuidado en el trato con los demás. Sea educado, incluso con las personas malhumoradas o impacientes. Evite irritarse con los demás. Trátelos con respeto y consideración.

Al mismo tiempo, debe mantener su dignidad y serenidad. Si se enfrenta con malentendidos, no pierda la calma. Conserve la sangre fría y encontrará un modo de resolverlos.

Una oportunidad para el crecimiento personal

En estos momentos es esencial la paciencia. No se deje llevar por las emociones. Conserve la calma y la serenidad. Sea discreto y tenga en cuenta los sentimientos del prójimo. No se deje engañar por la apariencia de las cosas y de las personas. Una apariencia agresiva quizás esconda una naturaleza vulnerable. Sería mejor responder a la hostilidad con tranquilidad y buen humor. Siempre que sea posible, evite las confrontaciones; es más, procure encontrar un modo de crear armonía. Si es usted quien se siente vulnerable, no intente compensarlo con una actitud ofensiva. No tiene que demostrar nada ni hacerse pasar por lo que no es.

Otros aspectos de la situación

UN NUEVE AL INICIO

Tome la vida como viene. No sea exigente con los demás. Confórmese con ir a su propio paso. No complique las cosas.

UN NUEVE EN EL SEGUNDO LUGAR

Si se ocupa de sus asuntos de una forma discreta y modesta, logrará alcanzar su objetivo. Sea independiente y procure pasar inadvertido.

UN SEIS EN EL TERCER LUGAR

No peque de exceso de confianza. En estos momentos no tiene usted una panorámica clara de la situación. Si muerde más de lo que puede masticar, se buscará problemas. Las consecuencias lo sobrepasarán.

UN NUEVE EN EL CUARTO LUGAR

Aunque tiene recursos para alcanzar su objetivo, debe extremar la prudencia. No corra riesgos. Si actúa con precaución y sentido común, puede mejorar una situación aparentemente negativa.

UN NUEVE EN EL QUINTO LUGAR

Con tal de que sea consciente de los riesgos implícitos de lo que se lleva entre manos, logrará triunfar. Necesita tener decisión y comprometerse con sus metas. Aprenda de sus errores. Procure estar abierto a formas nuevas de enfocar las cosas. Si es prudente, obtendrá resultados positivos.

UN NUEVE EN EL LUGAR SUPERIOR

Considere la manera en que está abordando la situación. Si ha conseguido algún efecto positivo, es que ha tomado usted el camino correcto. Por tanto, si no se aparta de él, puede tener plena seguridad en que los resultados serán satisfactorios.

11

La Paz

Todo irá bien y todo irá bien y cualquier cosa irá bien.

JULIÁN DE NORWICH

Comienza un período de desarrollo. Se vislumbra una época de paz, armonía y prosperidad. Este hexagrama se asocia con el inicio de la primavera, cuando todo empieza a florecer. Las relaciones existentes serán más armoniosas y quizá broten otras nuevas. Medrarán los proyectos. Son factibles nuevos comienzos en todas las áreas de la vida, pero los cambios no sucederán por sí solos; es cierto que las condiciones son favorables, pero de usted depende llevar a cabo la mayoría de ellos. Debe actuar ahora para poner los cimientos de éxitos futuros. Aproveche todas las oportunidades que se presentan. Utilice redes informáticas para fomentar contactos; que la gente sepa lo que usted desea redundará en resultados positivos. Pero siempre hay que ser precavido. Cuando todo va bien, puede resultar tentador repantigarse y dejar que los asuntos sigan su curso; sin embargo, no ocurrirá así. No debe bajar la guardia jamás.

Una oportunidad para el crecimiento personal

Es un momento excelente para renovarse en todas las áreas de la vida. Librándose de lo viejo se hace sitio para lo nuevo. Despréndase de cuanto no le sea ya útil, tanto en lo que se refiere al aspecto emocional y espiritual de la vida, como al material. Olvide heridas y resentimientos antiguos. El almacenamiento de emociones negativas lo mantiene encerrado en el pasado. Ahora que se le presenta la oportunidad de dar un gran paso en su desarrollo personal, nada debería impedírselo. Ensanche sus horizontes ensayando nuevos caminos. Puede aprovechar la ocasión que se le presenta para desarrollar su personalidad y sus aptitudes.

Otros aspectos de la situación

UN NUEVE AL INICIO

Puede hacer notar su influencia en un campo más amplio. Láncese a la vida y prepárese para conseguir algo. Conseguirá que colaboren con usted personas de principios morales y objetivos similares a los suyos. Llegarán a buen término proyectos que beneficien a los demás.

UN NUEVE EN EL SEGUNDO LUGAR

Sea amable y tolerante. Incluso las personas más insospechadas pueden tener algo que dar si se las aborda con mentalidad abierta. No muestre favoritismos ni permita que otras personas hagan que sus opiniones se tambaleen. Piense por usted mismo.

UN NUEVE EN EL TERCER LUGAR

Todo cambia. Es ley de vida. Sin duda surgirán dificultades tarde o temprano, pero no hay por qué preocuparse por ello. Lo que importa es vivir intensamente el aquí y ahora. Esta manera de enfocar la vida le proporcionará fuerza interior para afrontar los problemas que surjan en el futuro. No confíe en que la gente o las circunstancias le proporcionarán la felicidad. El exceso de dependencia respecto a los demás debilitará su espíritu.

UN SEIS EN EL CUARTO LUGAR

Colabore con los demás desinteresadamente. La gente será más receptiva respecto a usted si intuyen que es sincero. No trate de impresionar.

UN SEIS EN EL QUINTO LUGAR

No sea arrogante. Se vislumbra un gran éxito siempre que esté usted dispuesto a ser útil a los demás. Si es así, se ganará su apoyo. Todos los implicados resultarán beneficiados.

UN SEIS EN EL LUGAR SUPERIOR

Al final del ciclo favorable llega el inicio del inevitable declive. Como esto forma parte de un proceso natural, no puede usted hacer nada para evitarlo. No vale la pena luchar contra lo que es imposible cambiar. Al contrario, concéntrese en sus responsabilidades y estreche lazos con las personas más próximas. Es esencial el autodominio.

12

El Estancamiento

▬▬▬▬▬▬▬▬▬▬▬
▬▬▬▬▬▬▬▬▬▬▬
▬▬▬▬▬▬▬▬▬▬▬
▬▬▬▬▬▬▬▬▬▬▬
▬▬▬▬   ▬▬▬▬
▬▬▬▬   ▬▬▬▬

Nada sucede, nadie llega, nadie se va; es horrible.

Esperando a Godot, SAMUEL BECKETT

La situación ha llegado a un punto muerto. Impiden el avance muchos obstáculos. Los esfuerzos más obstinados por resolver los asuntos han fracasado. Parece como si lo persiguiera la mala suerte. No espere usted ayuda de personas que de hecho son incapaces de prestársela. Quienes no comparten sus principios no van a interesarse por el trance en que se encuentra; tienen otras cosas que hacer. Jamás aceptarán ni comprenderán sus opiniones. La comunicación puede llegar a ser ahora difícil incluso en relaciones hasta el momento buenas. Abundarán los equívocos. Sería aconsejable que por el momento tomara distancia respecto a la situación. No intente siquiera forzar los acontecimientos. Sea paciente. A su debido tiempo las cosas mejorarán. Entretanto, no pierda la fe en sí mismo.

Una oportunidad para el crecimiento personal

Por muy difícil que sea la situación, no renuncie a sus principios. Defienda lo que cree que es justo. No se involucre en ninguna situación que pudiera resultar comprometedora para usted. Una tentadora oferta podría brindarle, a primera vista, una salida fácil. No se deje engañar y no haga movimiento alguno por ahora. Tan atractivas recompensas podrían implicar duras condiciones y, a la larga, lo pagaría su propia dignidad. Hágase a la idea de que debe confiar sólo en sus propios medios; la energía que acumulará le resultará muy provechosa en el futuro. Podría serle útil pasar algún tiempo solo; esto lo ayudaría a contrarrestar las presiones de una situación negativa.

Otros aspectos de la situación

UN SEIS AL INICIO
A menos que pueda usted influir positivamente en la situación, no se involucre en ella. De otro modo, cualquier intento de acción desencadenará una serie de sucesos desafortunados. Es mejor que se distancie y evite la posibilidad de comprometerse.

UN SEIS EN EL SEGUNDO LUGAR
Sea tolerante pero sin implicarse. Por el momento, confórmese con mantenerse al margen. Si puede conservar por ahora independencia de mente y de espíritu, a largo plazo triunfará.

UN SEIS EN EL TERCER LUGAR
Si intenta hacer algo que está más allá de sus posibilidades, se colocará usted mismo en una posición humillante. No vale la pena actuar bajo mano para intentar conseguir los resultados que desea; le saldrá el tiro por la culata.

UN NUEVE EN EL CUARTO LUGAR
El período de estancamiento está llegando a su fin. Podrá desempeñar un papel importante en la realización de un cambio que abra paso a condiciones nuevas y muy distintas. No permita que consideraciones egoístas condicionen su buen juicio. Con tal de que sus motivaciones sean irreprochables, el resultado será altamente satisfactorio.

UN NUEVE EN EL QUINTO LUGAR

Se acercan buenos tiempos. Puede usted contribuir a llevar a cabo un cambio a mejor. Pero no dé por sentado que es cuestión de coser y cantar; todavía hay riesgos de que las cosas se tuerzan. Podrá evitarlo si extrema la atención. No dé nada por hecho. Defienda lo que crea que es justo. Si refuerza su posición, construirá sólidos cimientos para su futuro bienestar.

UN NUEVE EN EL LUGAR SUPERIOR

Se vislumbra una luz al final del túnel. El tiempo de estancamiento está llegando a su fin. Pero los cambios no sobrevendrán por sí mismos; debe usted tomar parte activa en ellos. Cuando vea la ocasión de ayudar a que las cosas se muevan, aprovéchela. Tendrá motivos para celebrarlo.

13

Comunidad
con los Hombres

La armonía entre dos individuos no es nunca un regalo del cielo; hay que estar conquistándola indefinidamente.

SIMONE DE BEAUVOIR

Su meta puede ser alcanzada en el contexto de un grupo de personas que piensen de la misma manera. Puede tratarse de amigos, compañeros de trabajo, una organización política, un grupo religioso o cualquier otra agrupación de la que usted sea miembro. Participar en un esfuerzo común le proporcionará mayores logros que actuar en solitario. La energía generada por un grupo de personas unidas en un propósito común puede mover montañas. Preste su apoyo incondicional; de este modo animará a otros a hacer lo mismo. Hay que crear una atmósfera que anime a los individuos a colaborar. Si es usted una persona resuelta y centrada, tiene muchas probabilidades de ejercer una considerable influencia. Cuando surjan problemas, no se desanime. Si posee un espíritu abierto y está decidido a triunfar, encontrará soluciones. No dude en comunicarlas a los demás.

Una oportunidad para el crecimiento personal

El grupo funcionará bien solamente si no se forman camarillas. Si está usted implicado en alguna responsabilidad organizativa, debe intentar neutralizar actitudes separatistas. Tenga siempre presentes sus objetivos y apoye los esfuerzos del grupo por conseguirlos. Cada persona necesita un papel que lo ayudará a funcionar en el grupo de manera más efectiva. Si los individuos intuyen que se aprovechan y valoran sus capacidades, se evitarán malestares y prevalecerá un espíritu de generosidad y franqueza. Ahí reside la fuerza del grupo. Por otra parte, sería poco realista aspirar a que todos los integrantes estrecharan lazos desde el primer momento. La gente necesita tiempo y oportunidades para conocerse y confiar en el prójimo.

Otros aspectos de la situación

UN NUEVE AL INICIO

Un grupo de personas con metas similares avanza al unísono; todos están de acuerdo respecto a lo que se necesita conseguir. Nadie malinterpreta su posición o tiene intereses ocultos. En la medida en que todos los implicados sigan empeñados en la meta común, todo saldrá bien.

UN SEIS EN EL SEGUNDO LUGAR

Se han configurado facciones dentro del grupo. Algunos miembros se creen superiores a los demás y han formado una camarilla. Por tanto, el potencial del grupo está debilitado. A menos que se tome alguna medida, no se conseguirán los objetivos.

UN NUEVE EN EL TERCER LUGAR

Un conflicto de intereses ha surgido entre personas que se suponía colaboraban en una meta común. El resultado es que ya no confían los unos en los otros. La competencia ha reemplazado la colaboración. Por desgracia esto impide que se avance. Debe usted examinar de nuevo sus objetivos. Es esencial que cada una de las personas implicadas los comparta.

UN NUEVE EN EL CUARTO LUGAR

Le separan de los demás malentendidos, que le han puesto a la defensiva.

Al final, todos los involucrados reflexionarán y se darán cuenta de que con peleas no se consigue nada. La situación mejorará.

UN NUEVE EN EL QUINTO LUGAR

La situación es angustiosa. Usted creía que formaba parte de un grupo o de una asociación. Sin embargo, no puede hablar libremente con la persona o personas en cuestión. Tenga paciencia. Los lazos son tan estrechos que a la larga ningún obstáculo puede prevalecer en su camino. Si da rienda suelta a sus sentimientos, obtendrá una respuesta. Juntos pueden luchar por vencer los obstáculos que les separan. El resultado será un encuentro jubiloso.

UN NUEVE EN EL LUGAR SUPERIOR

Puede resultarle beneficioso unirse a otras personas. Pero no se conseguirá nada de excepcional importancia.

14

La Posesión de lo Grande

```
━━━   ━━━
━━━━━━━━━
━━━━━━━━━
━━━━━━━━━
━━━━━━━━━
━━━━━━━━━
```

El día de la fortuna es como un día de cosecha,
debemos afanarnos cuando el trigo está maduro.

GOETHE

Se abren ante usted enormes posibilidades. Los proyectos que emprenda llegarán a buen término. Medrarán las relaciones. Se vislumbra una suerte excepcional. Eso quizá signifique una considerable y quizás inesperada mejoría en sus circunstancias. Pero podría referirse también a la forma en que es usted capaz de tomar las riendas de su vida en estos momentos. Puede hacer grandes avances en la materialización de su potencial. Por lo que se refiere a su situación actual, tiene usted una idea muy clara de dónde se encuentra y qué desea lograr. Se le brinda la ocasión de organizar su vida de la mejor forma posible para conseguir su meta. Procure que sus decisiones y acciones se basen en lo que sinceramente cree justo. No comprometa sus principios.

Sea independiente en su forma de pensar, viva de acuerdo a sus valores morales y la fortuna le sonreirá.

Una oportunidad para el crecimiento personal

Cualquiera que sea la situación, se encuentra usted en medio del escenario, bajo los focos. Ahora tiene la posibilidad de brillar. Como tiene usted mucho que ofrecer, puede lograr cualquier cosa que desee. Si es modesto y de mentalidad abierta, se ganará el respeto de todos los que lo rodean. Su influencia es considerable; por tanto, asegúrese de utilizarla bien. No desperdicie su suerte y apréciela en lo que vale. Ha de aprovechar bien sus recursos pues tiene responsabilidades para con otros, no sólo para con usted. Siempre que sus motivaciones no sean egoístas, triunfará. Pero tenga cuidado y no estire más el brazo que la manga. Si necesita ayuda, no sea orgulloso y pídala.

Otros aspectos de la situación

UN NUEVE AL INICIO
Todo va bien. Pero aún no ha habido ocasión para que algo vaya mal. No se deje arrastrar por una engañosa sensación de seguridad. La situación no ha hecho más que empezar e invariablemente pasará por altos y bajos. Si procura no meterse en líos, no tropezará con problemas de importancia.

UN NUEVE EN EL SEGUNDO LUGAR
No es momento de esconder la cabeza debajo del ala. Tiene usted dones y capacidad de sobra y ha llegado el momento de utilizarlos en su provecho. Tiene a su disposición la ayuda necesaria para conseguir sus metas.

UN NUEVE EN EL TERCER LUGAR
Goza usted de determinados dones. Esto no significa que deba usarlos solamente en su provecho. Si otras personas se benefician de sus recursos, se verá usted recompensado. Sólo las personas con estrechez de miras se guardan todo para ellos.

UN NUEVE EN EL CUARTO LUGAR

No sea presuntuoso. Alardeando de lo que tiene solamente logrará que los demás sientan envidia. Si la consecuencia es que intentan competir con usted, surgirán problemas. Sea modesto y solidario.

UN SEIS EN EL QUINTO LUGAR

Como es usted sincero y digno de confianza, la gente le tiene afecto. Pero guárdese de quienes desean aprovecharse de su generosidad y bondad. Elija con cuidado a las personas en quien depositar la confianza. No permita que nadie lo trate de forma desconsiderada.

UN NUEVE EN EL LUGAR SUPERIOR

Es ésta una línea espléndida que representa un logro muy grande. Según el antiguo pensamiento chino, la persona capaz que no busca reconocimiento será bendecida por el cielo y recibirá su ayuda. Esto signfica que debe ser modesto y no debe permitir que el éxito se le suba a la cabeza. Esté dispuesto tanto a prestar apoyo como a tomar el mando.

15

La Modestia

Si puedes hablar con multitudes y conservar la virtud,
si marchas junto a reyes con tu paso y tu luz.

Si, RUDYARD KIPLING

La modestia no consiste en ser tímido. Significa ser uno mismo, de forma natural y espontánea. Tener una actitud modesta consiste en poseer una idea equilibrada de la propia valía, y en ser consciente tanto de la propia fuerza como de la debilidad. Si desea usted encarar con éxito la situación actual, no intente impresionar ni pretenda ser lo que no es. Por un lado, no sea engreído; una persona modesta no se pavonea de sus logros y capacidades. Por otra parte, no debe infravalorarse. No es cuestión de ocultar las cualidades personales; si se tienen hay que mostrarlas. Pero no se dedique a eclipsar al prójimo. Sea tolerante y no se crea diferente a los demás. Evite los aires de protector. Sea realista. Afronte la situación como es y no como cree que es. No sirve de nada engañarse con ilusiones. Si mantiene los pies en el suelo, no se dejará engañar por las apariencias. No exagere sus sentimientos o haga de los acontecimientos un drama innecesario. Acepte la situación con buen humor y espíritu generoso. De este modo conseguirá la ayuda que necesita. Si adopta una actitud modesta, obtendrá resultados satisfactorios.

Una oportunidad para el crecimiento personal

Perseverar en el desarrollo de la personalidad le acarreará suerte en estos momentos. El secreto reside en dominar el exceso de orgullo y reconocer los propios defectos. Prepárese para afrontar las dificultades sin sentimientos de autocompasión. Las cosas no pueden salir siempre a su gusto. No dé por sentado nada ni a nadie. El mundo no le debe nada. No sea ambicioso en exceso. Analice lo que verdaderamente vale la pena en la situación presente y base en ello sus decisiones. No importan las ventajas o inconvenientes de sus circunstancias actuales, lo esencial es conformarse con perspectivas modestas. Esto le facilitará utilizar cuantos recursos posee de forma más creativa.

Otros aspectos de la situación

UN SEIS AL INICIO

No sea exageradamente dramático ni se preocupe por impresionar a los demás. El camino del éxito es avanzar discreta y firmemente. Para conseguir algo que valga la pena basta con perseverar.

UN SEIS EN EL SEGUNDO LUGAR

Una actitud sinceramente modesta se evidenciará en todo lo que diga y haga. Los demás reconocerán su valía. Sin que se esfuerce por llamar la atención, su influencia se dejará sentir por sí misma. Esto le aportará buena suerte.

UN NUEVE EN EL TERCER LUGAR

Trabaje sin descanso para lograr su meta. No considere ningún aspecto del trabajo indigno de usted. Prepárese a hacer todo lo necesario para lograr que los asuntos lleguen a buen fin. Conseguirá la ayuda necesaria para obtener un resultado positivo.

UN SEIS EN EL CUARTO LUGAR

Se encuentra usted en una sólida posición. Es factible un considerable avance. Con tal de que permanezca sinceramente comprometido con lo que está haciendo, la gente estará dispuesta a ayudarlo.

UN SEIS EN EL QUINTO LUGAR

Si desempeña usted un puesto de responsabilidad, hay momentos en que debe estar preparado para ser enérgico. Si deja que las cosas vayan a la deriva, no se producirán más progresos. Con una actitud discreta y objetiva puede estar seguro de no ofender a nadie. De esta forma, las personas cuya ayuda necesita estarán dispuestas a prestársela.

UN SEIS EN EL LUGAR SUPERIOR

Si está insatisfecho del actual estado de cosas, no eche la culpa al prójimo. Autocontrólese. Considere en qué medida necesita cambiar sus propias actitudes. Sea responsable de usted mismo y de su bienestar. De esa forma podrá influir sobre la situación.

Nota. Este hexagrama es inusual en cuanto todas las líneas son favorables, de lo que se deduce que una actitud sinceramente modesta capacita para dominar cualquier situación. Ello demuestra hasta qué punto los antiguos chinos valoraban esta virtud.

16

El Entusiasmo

Ojo avizor, ojo avizor; estar preparado es la mitad de la victoria.

CERVANTES

Como resultado de su previsión y metódica preparación, ahora puede disfrutar de un período de bienestar y tranquilidad. No se vislumbra problema alguno. Pero cuidado con ser perezoso y descuidado. Debe perseverar en la construcción de las condiciones que le aseguren un bienestar futuro. Con confianza y entusiasmo puede ampliar su campo de acción y lograr buenos resultados. Es el momento de impulsar con éxito nuevos proyectos. Esté alerta. Aproveche cualquier ocasión para dar a conocer a los demás sus objetivos. Para ganar tiempo, prevea lo que va a necesitar. Busque gente que pueda ayudarlo en los preparativos. Si está usted apasionadamente empeñado en lograr algo, su entusiasmo atraerá a otras personas y se ganará su colaboración. Con tal de que tome el camino debido, los que lo rodean estarán encantados de seguirlo.

Una oportunidad para el crecimiento personal

Para recomendar la mejor manera de influenciar a la gente, los antiguos textos ponían como ejemplo la música. Es obvio que el poder de la música conmueve, inspira y agrupa a las personas. Por ello, se utilizó siempre en ceremonias religiosas. De ahí se deduce que una influencia efectiva es el resultado de entrar en sintonía con uno mismo y con los demás. Estar en armonía con uno mismo significa escuchar la propia intuición y hablar con sinceridad. Crear armonía con los demás implica enviarles nuestros mensajes de forma que se sientan a gusto con ellos. Esto depende a su vez de que entendamos lo que ellos consideran importante. Por lo tanto, la gente responderá favorablente si usted expresa lo que tiene que decirles de tal forma que lo puedan identificar con sus propias preocupaciones.

Otros aspectos de la situación

UN SEIS AL INICIO
No se sienta satisfecho de sí mismo. Si alardea de sus éxitos y se jacta de la gente con la que se relaciona, se ganará la antipatía de todos.

UN SEIS EN EL SEGUNDO LUGAR
Procure no dejarse arrastrar por el entusiasmo de otras personas. No siga el ejemplo de nadie. Confíe en su propio criterio. Para tener éxito, debe ser tan sólido y seguro como una roca. Esté atento al primer síntoma de cambio en la situación y actúe inmediatamente.

UN SEIS EN EL TERCER LUGAR
Confíe en usted y prepárese para trabajar por lo que desea. Si espera que los demás velen por sus necesidades, perderá oportunidades que lo capacitarían para cuidar de sí mismo.

UN NUEVE EN EL CUARTO LUGAR
Sabe usted de sobras que se halla en el camino correcto. No vacile en expresar sus ideas con absoluta seguridad. Los demás notarán que es usted sincero y se sentirán animados por su optimismo y por su actitud positiva. No tendrá problemas para obtener la cooperación que precisa para lograr sus objetivos.

UN SEIS EN EL QUINTO LUGAR

Está usted sometido a una constante presión que parece no darle tregua. Todos los esfuerzos para avanzar topan con obstáculos. Sin embargo, es usted muy capaz de seguir adelante.

UN SEIS EN EL LUGAR SUPERIOR

Corre usted el peligro de ser arrastrado por las alas de la fantasía. No se engañe. Sólo podrá evitar problemas si no pierde de vista la realidad.

17

El Seguimiento

Enganchad vuestro carro a una estrella.

RALPH WALDO EMERSON

Siga su conciencia. Márquese las metas más altas. Asegúrese de que lo que persigue enriquecerá realmente su vida. Tenga cuidado a quién elige como socio. No puede usted permitirse el lujo de perder tiempo; hay mucho que conseguir. Sea paciente si las cosas no avanzan a la velocidad que usted desearía. Adáptese a cómo son y no se esfuerce por convertirlas en lo que a usted le agradaría que fueran. Sólo conseguirá extenuarse. Muéstrese receptivo y dispuesto a aprender de los demás. Se vislumbra el éxito, pero sólo si está usted preparado para explorar nuevas posibilidades. No puede tomar un nuevo rumbo sin abandonar viejos y trillados caminos. Esto significa que debe vencer sus prejuicios y adoptar un enfoque más flexible para abordar las situaciones y acercarse a la gente. Ensanche sus perspectivas y descubrirá que el mundo le reserva muchos secretos.

Una oportunidad para el crecimiento personal

Sea fiel a sus principios cualesquiera que sean las circunstancias. La integridad le granjeará el respeto de los demás; esto es de especial importancia en el caso de que ocupe usted un puesto de influencia o autoridad por modesto que sea. Debe aprender a servir los intereses de las personas que están bajo su responsabilidad. Si intenta ejercer el poder por la fuerza o con métodos turbios, o intenta azuzar a unos contra otros, encontrará resistencia. Y con razón, pues no puede usted aspirar a que los demás colaboren si se comporta con vileza. En cambio, si la gente sabe que puede confiar en que hará usted lo que es debido, lo seguirán de buen grado. El mismo principio es aplicable a situaciones en las que su papel es seguir a otro; en ese caso deseará usted confiar en que el líder velará de todo corazón por sus intereses.

Otros aspectos de la situación

UN NUEVE AL INICIO
Necesita usted un punto de vista más amplio. Escuche las opiniones de los demás y ábrase a la posibilidad de aprender algo nuevo. Utilice su buen juicio para decidir lo que puede aceptar y lo que debe rechazar.

UN SEIS EN EL SEGUNDO LUGAR
Tomar el camino más fácil resultará totalmente improductivo. Si no hace usted un esfuerzo por desarrollar todo su potencial, perderá oportunidades de éxito. Además, si se asocia con gente que no tiene nada que ofrecer, perderá relaciones más valiosas. Las personas lo juzgarán por sus compañías. Mejore el concepto que tiene de usted mismo.

UN SEIS EN EL TERCER LUGAR
Si desea triunfar, debe actuar en su propio beneficio. Esto implicará romper una relación que, aunque íntima, ya no le conviene. Por muy difícil que resulte, debe mantenerse firme. Necesita preparar el terreno para conocer personas con las que puede establecer una relación de enorme conveniencia.

UN NUEVE EN EL CUARTO LUGAR
Sea sincero. No se deje embaucar con lisonjas. Y no crea tampoco que

adular a los demás es un medio para congraciarse con ellos. Manténgase fiel a sus principios y déjese guiar por la verdad. Fácilmente calará a las personas que se han ganado babosamente su cariño por interés.

UN NUEVE EN EL QUINTO LUGAR

Aspire a lo máximo. No se conforme con algo de segunda clase o mediocre. Si desea lo mejor con todas sus fuerzas, lo conseguirá.

UN SEIS EN EL LUGAR SUPERIOR

La paz de espíritu es para usted más importante que la salud y el bienestar económico. Su afán de perfeccionarse implica que recibirá los consejos que necesita. Como consecuencia de la sabiduría que adquirirá en este proceso, los demás le pedirán ayuda y apoyo.

18

El Trabajo
en lo Echado a Perder

```
▬▬    ▬▬
▬▬▬▬▬▬
▬▬    ▬▬
▬▬    ▬▬
▬▬▬▬▬▬
▬▬▬▬▬▬
```

Un hombre jamás debería avergonzarse de reconocer que se ha equivocado,
lo cual significa decir, en otras palabras, que es más sabio hoy de lo que era ayer.

ALEXANDER POPE

Las cosas no han ido bien durante cierto tiempo. Por inercia, usted ha dejado que la situación simplemente siguiera su curso y, al no tomar decisión
alguna, ha perdido el control de los acontecimientos. Ahora los asuntos están fuera de su alcance. Sin embargo, se puede cambiar la situación. Si está
preparado para poner mucha atención en lo que ha sido descuidado, podrá
reparar el daño y, por tanto, comenzar un nuevo capítulo en su vida; pero
debe actuar con extremo tacto y precaución. Empiece por considerar cómo
ha llegado a encontrarse en esta posición. Podría tratarse de cuestiones no
resueltas en su pasado o en su presente, o en los dos. O quizás ha sido descuidado en momentos en que la atención al detalle era de suma importancia.

19

El Acercamiento

Soñé que, mientras erraba por el camino, de pronto
el crudo invierno se había convertido en primavera.

PERCY BYSSHE SHELLEY

Es como si la primavera estuviera en el aire. Puede usted mirar hacia adelante con la seguridad de que sus asuntos florecerán. Pero está en marcha un proceso natural de crecimiento que no puede precipitarse. Hay que ir paso a paso. Aunque el triunfo es seguro, nada se resolverá de forma inmediata. Aparecen oportunidades que implicarán cambios. Muestre una actitud positiva hacia ellos. Intente tener una perspectiva amplia de los asuntos, especialmente en aquellos que afectan a las relaciones. Tenga en cuenta los efectos que tales cambios producirán en otras personas y considere prioritario su bienestar mientras decide qué hacer. Si adopta una actitud de autoridad, por discreta que sea, ejercerá una considerable influencia. Aprovéchela para ayudar y animar a quienes están bajo su responsabilidad. Cuando convenga delegar, hágalo. El reconocimiento que obtendrá resultará beneficioso para su autoconfianza y optimismo.

Una oportunidad para el crecimiento personal

Evite apoltronarse porque las cosas empiezan a ir bien. Se trata simplemente del inicio de un período de desarrollo. Pero no crea que puede usted limitarse a sentarse y contemplar el devenir de las cosas. Debe intervenir y alimentar la situación para asegurar un éxito a largo plazo. Trabaje duro para sacar la máxima ventaja de las oportunidades que se le ofrecen. Manténgase alerta al menor síntoma de deterioro. Debe cortarse de raíz cualquier problema que pueda surgir. En lo que atañe a sus relaciones personales, ponga atención en las necesidades de los demás. Este período tan favorable no durará eternamente. Pero si ahora construye usted sólidos cimientos, podrá hacer frente con tranquilidad a los problemas que surjan en el futuro.

Otros aspectos de la situación

UN NUEVE AL INICIO
Cooperar con el prójimo le procurará una posición más sólida. Sea fiel a lo que cree justo.

UN NUEVE EN EL SEGUNDO LUGAR
La balanza está a punto de inclinarse a su favor. Pero no pierda de vista su meta a largo plazo; de otro modo, correría el riesgo de ser descuidado y demasiado confiado. Procure no malgastar los recursos que ahora tiene a su disposición, pues ello acabaría por crearle problemas.

UN SEIS EN EL TERCER LUGAR
Todo va bien, pero no debe usted perder de vista su meta a largo plazo; si lo hace, corre el riesgo de convertirse en una persona descuidada y confiada en exceso. Procure no desperdiciar los recursos que posee. Esto, a la larga, acabaría por crearle problemas.

UN SEIS EN EL CUARTO LUGAR
Su actitud es absolutamente correcta. Sabe qué hacer y debe actuar en consecuencia.

UN SEIS EN EL QUINTO LUGAR

Asegúrese de informarse todo lo posible acerca de la situación. Esto le garantizará que la iniciativa que tome será la más beneficiosa para todos los implicados. Escoja colaboradores competentes cuyos objetivos sean compatibles con los suyos.

UN SEIS EN EL LUGAR SUPERIOR

Tiene usted un rico caudal de experiencia que ofrecer. Dispóngase a compartirlo generosamente con otras personas. Su compromiso reportará un beneficio enorme a todos los implicados.

20

La Contemplación

Es un gran observador, y penetra admirablemente
en los motivos de las acciones humanas.

Julio César, SHAKESPEARE

Examine a fondo la situación. Sin tener en cuenta lo que otros puedan
decir o hacer, adopte la posición de un observador imparcial. Muéstrese receptivo, frío y dispuesto a aprender. El análisis global de la situación lo ayudará a apreciar cuál es el actual estado de cosas. Poco a poco, comprenderá
en profundidad lo que está en juego y vislumbrará cuál será el resultado final
si los asuntos se siguen desarrollando de esta forma. Como sus ideas son
sensatas, los demás estarán dispuestos a escucharlo y se darán cuenta de que
sus puntos de vista son justos y equilibrados. Sea fiel a sí mismo. Utilice su
saber en beneficio del prójimo y no para manipular la situación en beneficio
propio.

Una oportunidad para el crecimiento personal

A medida que su conocimiento de la situación aumente, debe traducirlo en acción. Los puntos de vista nuevos son esenciales pero sólo pueden resultar beneficiosos cuando se incorporan a la vida. Deben cambiarse las actitudes viejas. Aprender a no tomarse las cosas como una cuestión personal es la lección más provechosa que podemos sacar en estos momentos. Esto significa que su actitud ante la gente y los acontecimientos debe basarse en una perspectiva más amplia que la acostumbrada. Como resultado, no será fácil engañarlo. Al mismo tiempo, será más tolerante con los demás y con sus errores. El efecto global será que su influencia sobre la situación aumentará sin ningún esfuerzo por su parte y los demás serán receptivos respecto a su punto de vista y su discernimiento.

Otros aspectos de la situación

UN SEIS AL INICIO

Tiene usted escasa idea de la situación. Relaciona todo consigo mismo y con los efectos que en usted provoca. Podría disculparse semejante actitud en un niño pero en un adulto es lamentable. Debe vencer los prejuicios y desarrollar unas miras más amplias.

UN SEIS EN EL SEGUNDO LUGAR

Su perspectiva actual es demasiado limitada. Necesita ser más curioso respecto a la vida que existe más allá de la estrecha esfera de su existencia. De otro modo, no puede usted aspirar a comprender los motivos de los demás. Amplíe su perspectiva intentando imaginar lo que es la vida desde el punto de vista de otras personas.

UN SEIS EN EL TERCER LUGAR

Procure conocerse mejor. Hágalo sin dedicarse exclusivamente a aprender a ser más objetivo consigo mismo. Sea consciente de las consecuencias que sus decisiones causan en su entorno; si capta reacciones positivas, puede estar seguro de hallarse en el camino recto. En cambio, si los asuntos se van deteriorando, es señal de que necesita usted cambiar de actitud.

77

UN SEIS EN EL CUARTO LUGAR

Su experiencia actual le proporciona la oportunidad de ampliar sus horizontes; y su capacidad para ver el panorama completo de la situación, una considerable influencia sobre ella.

UN NUEVE EN EL QUINTO LUGAR

Si se encuentra en situación de influir sobre otros, debe asumir sus responsabilidades con toda seriedad. Le corresponde a usted dar ejemplo. Sabrá si está obteniendo éxito observando el efecto que ejerce sobre las personas implicadas. Si observa resultados positivos, no le quepa duda de que su influencia es beneficiosa.

UN NUEVE EN EL LUGAR SUPERIOR

La mejor actitud concebible es la del que no se preocupa por ambiciones personales. Si usted no se siente motivado por intereses egoístas, goza del precioso don de la auténtica libertad interior. Sin ningún esfuerzo por su parte, su influencia sobre la situación se dejará sentir por sí sola.

21

La Mordedura Tajante

La verdad se esconde en algún lugar; ojalá supiéramos dónde.

WILLIAM COWPER

En el texto antiguo, este hexagrama representaba cuestiones legales. En sentido literal podría significar que es inevitable una acción legal. Sin embargo, bastante a menudo indica la necesidad de adoptar una postura firme. Coja el toro por los cuernos. No es momento de indecisiones. Debe ir al meollo de la cuestión y ver lo que realmente importa; el resto es irrelevante. En primer lugar y sobre todas las cosas, vaya al grano. Hay que identificar lo que está socavando la situación y atajarlo con determinación. Si alguien está aprovechándose de usted o lo refrena en algún sentido, debe actuar con decisión. No se ande con paños calientes; el problema no desaparecerá por sí solo. Sin embargo, no sea demasiado imprudente o agresivo al atajarlo. Por otra parte, no serviría de nada una actitud demasiado delicada o comprensiva. Con una actitud firme y sensata a la vez el resultado será excelente.

Una oportunidad para el crecimiento personal

Si algo en su situación actual no le funciona, no pierda el tiempo en averiguar por qué. Podría deberse a una actitud negativa por su parte. En tal caso, depende de usted cambiarla. No tiene sentido que sea usted su peor enemigo. O podría ser que alguien esté intentando minarle el terreno. Una vez identificado el problema, es cuestión de encontrar el modo más apropiado para contrarrestarlo. Esto implicará una confrontación directa. Sea valiente. No aplace la situación. No hay acuerdo posible. Si es usted víctima de una injusticia, depende de usted cambiar la situación.

Otros aspectos de la situación

UN NUEVE AL INICIO

Hay que controlar con firmeza actitudes agresivas o tozudas. Esto podría referirse a usted o a personas que están bajo su responsabilidad, especialmente niños. Hay que corregir las tendencias destructivas tan pronto como aparecen; así se evita que se nos escapen de las manos y causen problemas graves.

UN SEIS EN EL SEGUNDO LUGAR

Tenga la valentía de apoyar lo que cree justo. Quizá le inquieta que sus reacciones sean inusualmente violentas o duras. No se preocupe. Su actitud está de sobras justificada; cuando alguien persiste en causar problemas de forma deliberada, debe dársele una lección.

UN SEIS EN EL TERCER LUGAR

Se trata de una cuestión ya antigua. Usted no tiene ni el poder ni la autoridad para vérselas con ella. Si lo intenta, sólo ganará resentimientos. Quizá se sienta algo humillado porque no puede hacer nada efectivo; sin embargo, no puede culpársele por intentarlo.

UN NUEVE EN EL CUARTO LUGAR

Se enfrenta usted a una tarea difícil. Persevere. Para conseguir su objetivo, necesita una actitud positiva asociada a una determinación inexorable. Es como si tuviera que mascar algo correoso; para lograrlo, debe proceder mordisco a mordisco hasta el final.

UN SEIS EN EL QUINTO LUGAR

La cuestión está muy clara. Le gustaría ser indulgente, pero debe poner en una balanza, por un lado, sus preferencias personales y, por el otro, lo que la situación exige. Tiene usted la responsabilidad de ser imparcial y objetivo; así se asegurará un resultado afortunado.

UN NUEVE EN EL LUGAR SUPERIOR

Alguien —podría tratarse de usted mismo— no quiere aprender. Sea quien sea, esa persona se niega a reconocer que lo que hace está mal. Ni siquiera presta la más mínima atención cuando le reprochan su proceder; desoye los buenos consejos y sigue causando problemas. El resultado final sólo puede ser desafortunado.

22

La Gracia

Si posee usted belleza y nada más, goza de lo mejor que Dios ideó.

ROBERT BROWNING

Puede usted influir en la situación sólo en pequeños detalles. Utilice tacto y encanto. Muestre lo mejor de sí mismo. Saque el máximo partido de sus méritos y capacidades. Quizá desee llevar a cabo pequeños cambios en su entorno para reflejar de forma más exacta su personalidad y sus gustos. Pero no olvide sus prioridades. No sea engreído ni autoindulgente. Si usted mismo no se valora tal como es, de nada le servirán ni riquezas materiales ni vestidos originales. Recuerde que la auténtica belleza, como la auténtica felicidad, nace de adentro. Una apariencia atractiva tiene poco valor si solamente es el disfraz de una naturaleza egoísta. Los más bellos parajes del mundo no hacen la felicidad si sus dueños viven en una atmósfera de rencor.

Una oportunidad para el crecimiento personal

Cada uno de nosotros proyecta una imagen de cómo nos gustaría ser visto por los demás. El psicólogo Carl Jung llama a esta imagen «la persona». Una «persona» encantadora y atractiva supone indiscutiblemente una enorme ventaja. Pero esto es sólo un aspecto, no la personalidad global. Si está usted tan obsesionado por su imagen que descuida su desarrollo como persona, su vida será superficial y carente de sentido.

Las consecuencias de valorar de forma exagerada las apariencias constituyen el tema de la novela de Oscar Wilde, *El retrato de Dorian Gray*. El protagonista logra conservar a lo largo de muchos años la belleza juvenil, sin embargo, no consigue desarrollar al mismo tiempo firmeza de carácter. Cuando finalmente la máscara externa cae, no subsiste huella alguna de belleza física en su rostro, otrora hermoso y ahora arrasado por los efectos del tiempo y del egoísmo.

Otros aspectos de la situación

UN NUEVE AL INICIO

Utilice sus recursos para avanzar. Dispóngase a hacer un esfuerzo para llevar a cabo lo que es necesario. No intente tomar atajos.

UN SEIS EN EL SEGUNDO LUGAR

No juzgue en función de las apariencias. Una apariencia hermosa resulta superficial y frívola a menos que sea señal externa de belleza interior. Lo importante ahora no es la forma exterior sino el valor latente.

UN NUEVE EN EL TERCER LUGAR

Ahora que todo está saliendo relativamente bien, procure no caer en la pereza ni descuidar sus responsabilidades. No debe pierder de vista sus aspiraciones.

UN SEIS EN EL CUARTO LUGAR

La honradez y sencillez son lo esencial en estos momentos. La amistad profunda y verdadera con alguien leal y honrado es mucho más importante que perseguir las rutilantes tentaciones de la vida.

UN SEIS EN EL QUINTO LUGAR

Lo importante es ser sincero. Puede que sus recursos materiales no sean vastos pero lo que cuenta es quién es usted. Los demás reconocerán su verdadera valía.

UN NUEVE EN EL LUGAR SUPERIOR

Sea sencillo y franco en todo lo que diga y haga. No tiene necesidad de esconder, simular o hacer alarde de nada. Simplemente sea fiel a sí mismo, deje que su valía hable por sí sola y todo sucederá de la mejor forma posible.

23

La Desintegración

El orden viejo se transforma para ceder el paso al nuevo,
y Dios se revela de muchas maneras.

La muerte de Arturo, ALFRED, LORD TENNYSON.

La situación se deteriora. Las cosas se derrumban en torno a usted. Se escapan a su control muchas condiciones externas; y no porque haya cometido usted alguna equivocación, sino porque algún aspecto de su vida hasta ahora importante ya no sirve a sus intereses; pertenece a un ciclo que está llegando a su fin. Y como una situación nueva tiene que nacer, la vieja ha de morir. No tendría sentido intentar luchar contra lo irremediable. Evite discusiones. Las consecuencias serían fatales. Hay demasiadas circunstancias en su contra. Intente ser objetivo. Es usted vulnerable y las implicaciones emocionales sólo conseguirían debilitarlo aun más. En cambio, si permanece frío y distante, no le dará a nadie la oportunidad de socavar su moral. Manténgase al margen y espere la ocasión propicia. Consuélese con el hecho de que el proceso actual es inevitable por doloroso que resulte. Las cosas tienen que seguir su curso antes de que las circunstancias mejoren.

Una oportunidad para el crecimiento personal

Como no puede usted hacer nada para mejorar los asuntos, aproveche el momento para acumular energías. A su debido tiempo, necesitará firmes cimientos sobre los que levantar la nueva situación. Puede empezar a construirlos ahora. Comience a desarrollar su fuerza. No se permita caer en la depresión. Evite cualquier tendencia a apegarse al pasado. Desde este momento sólo puede ir hacia adelante. Procure no esperar demasiado de los demás. No participe en luchas de poder. No haga nada que pueda comprometer la opinión que usted mismo tiene de su valía. Tenga paciencia. Resista todo tipo de presiones para intentar y conseguir que las cosas sucedan. Siempre que sea posible, sea amable y generoso. La actitud que le será de mayor provecho es la que los chinos llaman *wu wei*; significa «dejarse llevar por la corriente» y consiste en confiar en que las cosas funcionarán por sí solas como se supone que tienen que funcionar, sin necesidad de que usted intervenga.

Otros aspectos de la situación

UN SEIS AL INICIO

Alguien o algo está intentando minar su posición. Puesto que hay involucradas personas que usted cree dignas de su confianza, debe ser prudente. Tal como están las cosas, no le queda más remedio que mantenerse en guardia y esperar a que la situación se aclare.

UN SEIS EN EL SEGUNDO LUGAR

Se encuentra usted en una situación difícil y tiene que ser precavido. No sea tozudo. Distánciese de la gente poco fiable. No tiene nada que ganar en una situación que no le reporta beneficio alguno.

UN SEIS EN EL TERCER LUGAR

Las circunstancias son tales que se encuentra usted inevitablemente inmerso en una situación negativa. Aférrese a sus principios. Haga honor a sus propios valores y no intente nada que pueda ir contra su conciencia. Si los demás escogen comportarse de forma despreciable, allá ellos; negándose a identificarse con ellos, por lo menos podrá salvaguardar su propia luz e integridad.

UN SEIS EN EL CUARTO LUGAR

Se enfrenta a la desgracia y no puede hacer nada por evitarla. Los asuntos han ido demasiado lejos para que pueda usted cambiar el curso de los acontecimientos.

UN SEIS EN EL QUINTO LUGAR

Una situación desfavorable está ahora empezando a mejorar. Quienes hayan estado enemistados han decidido colaborar en beneficio mutuo. El éxito es ahora posible.

UN NUEVE EN EL LUGAR SUPERIOR

La situación se ha deteriorado hasta el límite. Ahora le toca a usted emprender un período de renovación vital, esperanza y realización personal. Sobrevivir a una época tan difícil le ha procurado una gran resistencia. El éxito futuro dependerá de la fuerza que adquiera usted en la lucha contra las potencias negativas. Esto demuestra la verdad de que el mal sólo puede prevalecer cuando es alimentado por el poder de la divinidad. Si se alimenta de sí mismo, agotará sus recursos y se autodestruirá.

24

El Retorno

Bajo el cielo, hay una época para cada cosa
y un tiempo para cada propósito.

Eclesiastés

Está a punto de empezar un nuevo ciclo. Después de un período de estancamiento o confusión, el curso de las cosas está cambiando. La situación se resolverá por sí misma. No intente forzar los acontecimientos. Su posición no es todavía lo suficientemente fuerte como para precipitarse. El retorno se relaciona con el mes del solsticio de invierno, cuando nace otra vez la luz nueva tras la oscuridad invernal. Según el hexagrama, cualquier movimiento se lleva a cabo en seis etapas y la séptima es el retorno, por lo que el siete es símbolo de que se ha completado un período de tiempo. En todos los cambios naturales subyace un ritmo lógico: cuando termina la noche, retorna la luz con el alba; cuando el invierno llega a su fin, sabemos que se acerca la primavera. Lo único que tiene usted que hacer es escuchar cómo ese ritmo natural se manifiesta en su propia vida. Eso significa relajarse inmediatamente y hacer acopio de energías.

Una oportunidad para el crecimiento personal

Tras una temporada difícil, empieza usted a experimentar una energía y un optimismo renovados. Se vislumbran nuevas posibilidades. Debe prepararse para ponerse en acción, pero sin precipitarse. Tenga paciencia; reflexione sobre el ciclo que ahora está terminando. Las dificultades surgieron porque no fue usted fiel a sí mismo. Sus acciones y elecciones se basaron en un punto de vista negativo. En otras palabras, su propia actitud contribuyó a crear los problemas. Lo esencial ahora es que crea en usted; entender esto es la clave de su bienestar futuro. De este modo, podrá empezar de nuevo con verdaderas probabilidades de éxito. Se vislumbran nuevas relaciones, o nuevos niveles de intimidad y entendimiento en relaciones ya existentes.

Otros aspectos de la situación

UN NUEVE AL INICIO

Si está usted considerando una línea de acción poco clara, no le dé más vueltas. Haga sólo lo que le dicte su conciencia; ninguna otra consideración debería influir sobre usted. Si lo mueven motivos justos, todo saldrá bien.

UN SEIS EN EL SEGUNDO LUGAR

Escuche y aprenda de las personas que le merecen confianza. Esto reforzará su intuición y lo ayudará a tomar las decisiones correctas.

UN SEIS EN EL TERCER LUGAR

La hierba puede que parezca más verde en otros lugares; pero en el fondo de su corazón usted sabe perfectamente qué camino tomar. No se deje tentar y no abandone el sendero elegido. Aprenda a perseverar.

UN SEIS EN EL CUARTO LUGAR

Ha crecido usted más que la gente que lo rodea. No intente adaptarse a ellos. Persevere en lo que cree justo. Es preferible ser fiel a uno mismo incluso si eso significa quedarse solo por un tiempo. La libertad y la independencia interior son demasiado preciosas como para ser puestas en juego.

UN SEIS EN EL QUINTO LUGAR

Ha constatado usted que es inminente un nuevo cambio. No malgaste el tiempo lamentando el pasado. Lo que importa es que ha tomado ahora la decisión correcta.

UN SEIS EN EL LUGAR SUPERIOR

Se ha obstinado usted en seguir su propio camino, en persistir en el sendero equivocado. Ahora ya ha perdido la oportunidad de seguir el mejor. Cualquier iniciativa que tome sólo empeorará la situación. No le queda más remedio que esperar con paciencia a que se le presente una nueva oportunidad.

25

La Inocencia

Bienaventurados sean los puros de corazón porque ellos verán a Dios.

Mateo 5

Ser inocente es bastante diferente a ser ingenuo o inconsciente de lo que ocurre. Al contrario, significa saber lo que suponen las decisiones y elegir lo que es justo sólo porque lo es. La Inocencia implica actuar espontáneamente sin motivos interesados y egoístas; proceder así es garantía de resultados muy positivos. En cambio, si comienza usted por intentar averiguar cómo aprovecharse de la situación, el resultado será simplemente la confusión más absoluta. No se preocupe tanto por usted mismo. Una actitud generosa obtendrá su recompensa tarde o temprano. Resístase a decir o a hacer cosas de las que pueda avergonzarse. No se involucre en engaños de ninguna clase. No haga nada que pueda dañar a otras personas. No se deje influenciar por las reacciones de los demás. Confíe en su intuición y déjese guiar por ella. No se compare con otras personas. Enorgullézcase de ser como es. De este modo, podrá hacer frente a cualquier asunto de la forma más creativa, original y conveniente.

Una oportunidad para el crecimiento personal

¿Hasta qué punto está usted dispuesto a dejarse llevar y tener confianza? Si su meta es el éxito, debe dejar que la situación siga su curso. Los acontecimientos se están desarrollando como deben. No se convierta en un estorbo. Acepte a los demás como son. No intente adaptarlos a sus propias expectativas. Es mucho mejor no tenerlas de antemano. Viva el aquí y ahora. No tiene sentido querer preverlo todo, pues no se pueden intuir todas las eventualidades. Surgirán situaciones que usted no podrá controlar. La única solución posible es tener espíritu aventurero y estar abierto a lo inesperado. Es cierto que los acontecimientos imprevistos son a veces dolorosos; es inevitable. Pero si los acepta usted como parte del proceso de la vida, los efectos desagradables pasarán pronto. Si tiene usted un espíritu abierto, tales sucesos pueden procurarle oportunidades inesperadas.

Otros aspectos de la situación

UN NUEVE AL INICIO

Si sus intenciones son sinceras, cualquier iniciativa que tome será la adecuada. Siga los dictados de su corazón y compórtese con espontaneidad.

UN SEIS EN EL SEGUNDO LUGAR

Soñar con el éxito no lo ayudará a lograr su meta. Sea práctico. Concéntrese en el presente. Camine hacia la meta paso a paso. No se detenga a comprobar sus progresos.

UN SEIS EN EL TERCER LUGAR

La vida no es siempre hermosa. En ocasiones, surgen dificultades sin que uno las provoque. No permita que esos problemas inesperados lo amarguen o lo conviertan en un cínico. Tomándose las cosas a pecho sólo conseguirá debilitar su posición. Acéptelas con filosofía.

UN NUEVE EN EL CUARTO LUGAR

Debe usted perseverar en lo que cree justo. Resista cualquier presión para cambiar de actitud. No se sienta obligado a satisfacer los deseos de otras personas.

UN NUEVE EN EL QUINTO LUGAR

Una inesperada dificultad se resolverá por sí sola. Usted no puede hacer nada. A su debido tiempo todo se arreglará. Cuanto menos intervenga usted, mejor.

UN NUEVE EN EL LUGAR SUPERIOR

Ha hecho usted todo lo que estaba a su alcance. Cualquier otra iniciativa podría ser un error. Por muy buenas que sean sus intenciones, serían malinterpretadas.

26

La Fuerza Domesticadora de lo Grande

... uno debe tener el coraje de atreverse.

Crimen y Castigo, DOSTOIEVSKY

Ahora las posibilidades son muchas. Si da usted los primeros pasos, se le abrirán las puertas. Haga inventario de todos los recursos que tiene a su disposición. Puede haber acumulado dinero, amigos, sabiduría, experiencia, capacidades o cualidades personales; las posibilidades son infinitas. Todo esto conforma su capital. Ahora ha llegado el momento de rentabilizarlo. Decida cuál es la mejor manera de usarlo para conseguir sus metas. Si ha ido aplazando algo que era necesario hacer, éste es el momento. Si necesita información, consígala. Una vez haya hecho los preparativos adecuados, póngase manos a la obra. No dude en lograr la ayuda que precise. Sea muy productivo. Supere sus propios límites. Dé de sí todo lo que sea capaz. Determínese a aprovechar todos los momentos de cada día. Una vez haya puesto en marcha sus planes, esté alerta. Si se descuida, puede perder su oportunidad.

Una oportunidad para el crecimiento personal

Por muy grande que sea su entusiasmo, no se impaciente. El éxito depende de cómo controle los recursos que posee. Antes de lanzarse de cabeza a algo, deténgase y considere las consecuencias. Aprenda a medir sus pasos y no pierda de vista sus objetivos. Organice sus actividades para sacarles rendimiento. No se deje distraer por cuestiones irrelevantes. No debe desperdiciar ni tiempo ni recursos. No dude en ofrecer su ayuda a los demás. En estos momentos puede usted aportar una significativa contribución. Haga sentir su presencia. No es el momento de mantenerse al margen. Si ha estado evitando comprometerse con alguien o con algo, deje a un lado sus inhibiciones. Cuanto más se involucre, más energía generará.

Otros aspectos de la situación

UN NUEVE AL INICIO

Le gustaría avanzar pero no es el momento adecuado; hay obstáculos en el camino. Si intenta forzar los asuntos en cuestión, se creará problemas. Espere con tranquilidad a que se le ofrezca una apropiada salida a su energía.

UN NUEVE EN EL SEGUNDO LUGAR

Lo refrenan circunstancias que están fuera de su control. Ejercite la autodisciplina. Conserve la serenidad y no pierda de vista su meta.

UN NUEVE EN EL TERCER LUGAR

Tenga cuidado. No se precipite. Avanzar paso a paso es la forma de acercarse a la meta.

UN SEIS EN EL CUARTO LUGAR

Ponga extremo cuidado en no malgastar sus recursos antes del momento propicio. Refrénese. Puede anticiparse a las dificultades si es precavido. Tome las medidas necesarias para evitarlas. Su prudencia será recompensada con resultados muy positivos.

UN SEIS EN EL QUINTO LUGAR

Los asuntos amenazan con desbordarse. Debe tomar medidas para prevenirlo. Evite las confrontaciones a quemarropa. Abordar las cosas de forma indirecta resultará mucho más efectivo. Busque las causas profundas del trastorno. Enfrentarse a ellas supone quitar hierro a la situación y solucionarla.

UN NUEVE EN EL LUGAR SUPERIOR

Por fin puede utilizar usted los recursos acumulados. Ahora puede conseguir algo que realmente vale la pena. Nada le impide lograr sus objetivos y disfrutar de un enorme éxito.

27

Las Comisuras de la Boca

———
— —
———
— —
— —
———

... el hombre cosechará lo que haya sembrado.

Epístola a los Gálatas, SAN PABLO

La cuestión ahora es proveer de alimento a los demás o a uno mismo. Esto puede referirse literalmente a lo que comemos, pero puede aplicarse igualmente al alimento emocional y espiritual. Lo que procuramos a la mente es tan importante como lo que procuramos al cuerpo. Todos los días elegimos el alimento para nuestro cuerpo y la información que retenemos en nuestra mente. Por tanto, hay que distinguir entre lo que es saludable y nutritivo y lo que no lo es. Con toda seguridad, una dieta regular de mala comida y de películas violentas no nos procurará ni un cuerpo sano ni un espíritu equilibrado y tranquilo. Respétese usted lo suficiente como para cuidarse de forma adecuada. Y elija también escrupulosamente a quién procurar sus cuidados; no arroje margaritas a los cerdos. Ojo con prodigar cuidados y atenciones a personas que rehúsan cuidar de sí mismas de forma adecuada.

Una oportunidad para el crecimiento personal

Su salud física está afectada por lo que come y por cómo lo come. Cuando se siente usted tranquilo y equilibrado, acostumbra a ingerir la cantidad de comida saludable y buena que precisa. De la misma manera, su salud mental depende de la naturaleza de los pensamientos que ocupan su mente. Las actitudes negativas sólo sirven para sentirse desgraciado. Si usted espera que las cosas salgan mal, a menudo así saldrán. En cambio, si cultiva una perspectiva positiva, su vida mejorará en todos los aspectos. Es una cuestión de elección y de autodominio. Su estado de ánimo también influye en la forma de comunicarse con los demás. Por ejemplo, las palabras pronunciadas en un momento de cólera no pueden borrarse y a menudo resultan destructivas. En cambio, si su mente está en paz, lo que tenga que decir beneficiará a los demás y alimentará sus relaciones.

Otros aspectos de la situación

UN NUEVE AL INICIO

Envidiar a quienes tienen más que usted no sólo es una pérdida de tiempo sino que gradualmente consume su autoestima. Deje de compararse con los demás. Aproveche sus recursos. Aprenda a apreciar lo que tiene y se sentirá en paz consigo mismo.

UN SEIS EN EL SEGUNDO LUGAR

Intente atender a sus propias necesidades. El mundo no tiene por qué mantenerlo. No espere que los otros hagan por usted lo que usted es incapaz de hacer por sí mismo. Confórmese con lo que está al alcance de sus posibilidades y no ambicione más.

UN SEIS EN EL TERCER LUGAR

Intenta usted alimentarse de forma equivocada. Esto podría referirse a la comida, a las compañías y a la forma en que aprovecha el tiempo libre. A menos que esto cambie, gradualmente se irán agotando sus energías. El resultado final será lamentable.

UN SEIS EN EL CUARTO LUGAR

Está usted en posición de beneficiar a los demás pero no puede hacerlo solo. Busque personas que puedan ayudarlo.

UN SEIS EN EL QUINTO LUGAR

Aunque le gustaría ayudar a los demás, le falta la capacidad necesaria y no debería intentarlo solo. Busque la ayuda de alguien con conocimientos y experiencia.

UN NUEVE EN EL LUGAR SUPERIOR

Puede usted proporcionar un beneficio enorme a los demás. Esta posición implica serias responsabilidades. Con tal de que sea consciente de ellas, logrará con éxito algo verdaderamente difícil.

28

La Preponderancia
de lo Grande

El mundo es demasiado para nosotros; tarde y temprano,
obteniendo y gastando, devastamos nuestros poderes.

WILLIAM WORDSWORTH

La situación ha llegado a un punto crítico. Se encuentra usted bajo una presión tan grande que algo tiene que romperse. Para aligerar el peso que está usted soportando, debe tomar alguna medida urgente pero sin forzar nada. No puede saber qué conviene hacer sin haber desentrañado primero la causa del problema. En esta situación es evidente la ausencia de equilibrio. Sus propias actitudes podrían ser un error en el sentido de que quizá sean muy parciales u obsesivas. Por ejemplo, a lo mejor es usted demasiado agresivo, demasiado tímido, o incluso puede que esté demasiado decidido a hacer algo para lo que no posee las cualidades y aptitudes apropiadas. También podría ser una relación la causa del estrés; quizás alguien está exagerando sus sentimientos o comportándose de forma inaceptable. Pero sea cual sea la cuestión, es conveniente llevar a cabo serios ajustes a fin de restablecer el equilibrio.

100

Una oportunidad para el crecimiento personal

Deje de intentar satisfacer todas las demandas que se le hacen, tanto por parte de los demás como de usted mismo. Esto confunde y complica la vida. Debe usted establecer prioridades. ¿Qué desea realmente que suceda? ¿Cuáles son sus auténticas responsabilidades? Examine todos los factores en juego. Analice todo lo que le reclama tiempo y atención. Cuando sepa cuál es su objetivo, puede empezar a organizar su vida para lograrlo. Inevitablemente esto supondrá ceder en algo. Pero debe mostrarse firme y proteger sus propios intereses, aunque eso signifique tener que obrar sin ayuda de nadie. Si es capaz de reunir el coraje para hacer los cambios necesarios, el éxito está asegurado.

Otros aspectos de la situación

UN SEIS AL INICIO

Extreme la prudencia. Un resultado positivo depende de poner la máxima atención en los detalles desde buen principio. Su planificación debe ser meticulosa.

UN NUEVE EN EL SEGUNDO LUGAR

Extraños o inesperados acontecimientos darán nueva vida a la situación. Serán muy ventajosas las asociaciones inusuales y también los modos originales de enfrentarse a las cosas.

UN NUEVE EN EL TERCER LUGAR

Ojo con ser tozudo y arrogante. Si se niega a cooperar con otros e insiste en seguir adelante solo, se encontrará aislado. Esto sería extremadamente desfavorable.

UN NUEVE EN EL CUARTO LUGAR

Como goza de un apoyo muy grande, se encuentra en una posición de fuerza. Si usa sus capacidades para ayudar a los demás, los asuntos irán viento en popa. Pero si es codicioso y aprovecha sus recursos sólo para sus propios fines, al final saldrá perdiendo.

UN NUEVE EN EL QUINTO LUGAR

Encare los hechos. Si espera demasiado para actuar, la situación se le habrá escapado de las manos. Vaya a las raíces de la cuestión. De otro modo, incluso sus esfuerzos más grandes por enderezar la situación no obtendrán resultado alguno.

UN SEIS EN EL LUGAR SUPERIOR

Para abrigar esperanzas de éxito hay que arriesgarse. Tendrá que sacrificar algo. Sólo usted puede decidir si vale la pena pagar el precio. Nadie tiene derecho a juzgarlo.

29

Lo Abismal, El Agua

$$\begin{array}{c} \underline{\quad\quad} \;\; \underline{\quad\quad} \\ \underline{\quad\quad\quad\quad} \\ \underline{\quad\quad} \;\; \underline{\quad\quad} \\ \underline{\quad\quad} \;\; \underline{\quad\quad} \\ \underline{\quad\quad\quad\quad} \\ \underline{\quad\quad} \;\; \underline{\quad\quad} \end{array}$$

Apretad hasta el fondo los tornillos de vuestro valor,
y no fracasaremos.

Macbeth, SHAKESPEARE

La situación está cargada de dificultades. Tiene usted que enfrentarse al hecho de que no desaparecerán así como así. No le queda más remedio que apretar los dientes y afrontar el desafío. Comience por aceptar la realidad de la situación tal como es. No sirve de nada vivir de ilusiones. Crea en usted y no se rinda por muy feas que parezcan las cosas. Sea fiel a sí mismo y persevere en lo que cree justo. No se preocupe de si los demás lo aprueban o no. Para todas estas cosas se necesita coraje. Sin embargo, será recompensado con un conocimiento muy agudo de las cuestiones en juego. Armado de ese conocimiento, empezará a vislumbrar la acción que más le conviene.

Una oportunidad para el crecimiento personal

Su paciencia y determinación están siendo puestas a prueba. Por muy difícil que sea la situación, niéguese a convertirse en una víctima de las circunstancias. No se deje dominar por las emociones. Rendirse sería lo peor en estos momentos. Como el agua que fluye sin detenerse hacia un abismo, debe usted seguir sin tener en cuenta los obstáculos con los que se enfrenta. No se deje paralizar por la depresión y la desesperanza; sería como quedar atrapado en el abismo. Viva el día a día y procure mantener la calma. Conservar la cabeza fría lo ayudará a superar los momentos de crisis. Puede que le parezca que tiene que perseverar ante fuerzas abrumadoras. Pero si puede resistir, sus esfuerzos al final se verán coronados por el éxito.

Otros aspectos de la situación

UN SEIS AL INICIO
Como ha sobrestimado su capacidad para manejar la situación, se encuentra ahora en una posición peligrosa. Sin embargo, se niega usted a desenredarse. Quizá no se da cuenta de la gravedad de la situación. Se encuentra en peligro de acostumbrarse a ella hasta tal punto que no pueda ver cómo lo está afectando.

UN NUEVE EN EL SEGUNDO LUGAR
Por ahora muy poco puede hacer para cambiar la situación. Aunque se da cuenta de que ese cambio es necesario, todavía no está claro lo que puede usted hacer. Tenga paciencia y haga lo que esté en su mano por poco que sea. Avance paso a paso.

UN SEIS EN EL TERCER LUGAR
Cualquier cosa que intente hacer ahora sólo empeorará la situación. Es como si estuviera usted clavado en un agujero, intentando desesperadamente encontrar una salida, pero sólo consiguiera hundirse aun más. La única respuesta posible es dejar de luchar y esperar. Si puede usted mantener la calma, la solución se revelará por sí sola.

UN SEIS EN EL CUARTO LUGAR
Sea honrado y franco. Quizá le preocupa que lo que tiene para ofrecer es

inadecuado; pero puesto que desea contribuir de todo corazón, le será aceptado; los demás reconocerán su sinceridad y esto es lo que importa.

UN NUEVE EN EL QUINTO LUGAR

Ha ido usted tan lejos como permitían las circunstancias. Confórmese con lo que ha logrado y no intente más. En estos momentos el exceso de ambición le crearía dificultades.

UN SEIS EN EL LUGAR SUPERIOR

No sacará beneficio alguno empecinándose en seguir su propio camino. Su obstinación le impide ver que va por un sendero equivocado. Hasta que comprenda que su conducta es contraproducente, la situación no puede mejorar.

30

Lo Adherente, El Fuego

☰☰

¡Más luz!

GOETHE

De usted depende arrojar alguna luz sobre la situación. Sólo puede hacerlo si tiene bien claro lo que se lleva entre manos. Para llegar a este punto, necesitará un cierto grado de objetividad. No considere como algo personal lo que otros puedan decir o hacer. Si se deja involucrar en cuestiones emocionales o luchas de poder, no tendrá esperanza alguna de contemplar la panorámica general. Si desea manejar los asuntos de la forma más inteligente, la palabra clave es aceptación. No se angustie ni se deje arrastrar por el pesimismo. En vez de luchar contra las circunstancias o meter la cabeza debajo del ala, acepte que todo lo que ocurre es para bien. Examine las cuestiones en juego con mentalidad abierta. Estudie en qué punto se pueden mejorar. Analizar los aspectos positivos de la situación no sólo será ventajoso para usted sino beneficioso para todas las personas implicadas.

Una oportunidad para el crecimiento personal

La aceptación es la gran lección que depara esta situación. Esto no significa resignarse ante las cosas; implica enfrentarse a los hechos. Cuanto más inclinado esté a aceptar la realidad, mayor oportunidad tendrá de contemplar la panorámica general. Esto lo llevará hacia la verdad de lo que está ocurriendo. Una vez se haya hecho una idea clara y objetiva de las cosas, no podrá engañarse ni perderse en consideraciones superfluas. El modo de manejar la cuestión aparecerá con toda claridad. Por otra parte, si se limita a reaccionar emocionalmente ante la situación, su punto de vista será muy parcial. En semejante estado de ánimo, no podrá actuar de forma constructiva.

Otros aspectos de la situación

UN NUEVE AL INICIO

Para asegurarse el mejor resultado posible, debe usted comenzar de la mejor manera posible. Al principio, es probable que exista cierta confusión; hay que eliminarla antes de que pueda aumentar y hacerse dueña de la situación. Proceda despacio y con prudencia, poniendo atención al menor detalle. Reflexione antes de hacer cualquier movimiento; asegúrese de haber tomado todas las precauciones necesarias para dar el paso siguiente.

UN SEIS EN EL SEGUNDO LUGAR

Si puede mantener una actitud equilibrada, tiene el éxito asegurado. Conserve la calma y domínese. No sea extremista en ningún asunto. Sea receptivo y positivo.

UN NUEVE EN EL TERCER LUGAR

Acepte el destino. No pierda el tiempo lamentando el pasado o preocupándose por el futuro. Ocúpese de vivir el momento presente con toda la intensidad que le sea posible. Aproveche las oportunidades que se le ofrecen. Si las deja pasar, lo lamentará.

UN NUEVE EN EL CUARTO LUGAR

Tiene usted demasiada prisa. No es ésta la manera de crear algo de valor perdurable. Si no aminora la marcha, corre el riesgo de agotarse.

UN SEIS EN EL QUINTO LUGAR

A medida que comience a entender más claramente el estado de cosas, se dará cuenta de que no puede evitar renunciar a una situación o conformarse con ella. Los sentimientos de tristeza son inevitables, pero pasarán. En el fondo del corazón, usted sabe muy bien que no le queda más remedio que aceptar la realidad. Los cambios que debe usted abordar lo conducirán a una situación mucho mejor.

UN NUEVE EN EL LUGAR SUPERIOR

Una mente clara lo capacitará para encontrar el origen de la dificultad. Si están implicadas otras personas, haga lo mínimo necesario para arreglar el asunto. No haga de esto el centro de la cuestión. Si los problemas han surgido porque se niega usted a aceptar la realidad, procure adoptar una actitud más equilibrada. Evite ser melodramático o demasiado duro consigo mismo. Limítese a arreglárselas lo mejor que pueda.

31

El Influjo

```
━━━━    ━━━━
━━━━━━━━━━━
━━━━    ━━━━
━━━━━━━━━━━
━━━━━━━━━━━
━━━━    ━━━━
```

El amor corre hacia el amor, como los escolares huyen de sus libros.

Romeo y Julieta, SHAKESPEARE

El hexagrama representa una situación en la que usted se siente atraído hacia alguien con quien desea entablar una relación. No se trata necesariamente de una cuestión amorosa. Puede referirse a cualquier aspecto de su vida que implique conectar con otras personas para establecer una relación de mutuo beneficio. Enamorarse sería el ejemplo típico pero puede tratarse igualmente de otra clase de amistad y de relaciones familiares o de negocios. La cuestión es cómo relacionarse con la otra persona implicada. Las relaciones prosperan con prudencia y atención. Un acercamiento brusco sería un error importante. Sea paciente y considerado. No intente forzar el paso. La atracción entre personas es algo que no puede ser controlado; debe seguir su propio ritmo. Al final, conseguirá usted una comunicación más profunda y se establecerán sólidos lazos basados en la confianza y el respeto mutuos.

Una oportunidad para el crecimiento personal

Compórtese con naturalidad. La mejor manera de dominar la situación consiste simplemente en ser uno mismo. El deseo de impresionar acabará por inhibirlo. En cambio, si se conduce con tranquilidad y espontaneidad, causará una impresión inmejorable. No necesita usted manipular los acontecimientos. Además, es preferible que no piense demasiado en sí mismo. Las personas que están en su misma onda se sentirán atraídas por lo que en realidad es usted. Muéstrese siempre dispuesto a aprender. Deje a un lado los prejuicios y acérquese a la gente con espíritu abierto; aquellos con los que pretende usted implicarse le responderán favorablemente. Escuche los dictados de su corazón. Si se ha dejado impresionar profundamente por alguien o algo, los demás se sentirán a su vez atraídos por usted. Su propia sinceridad encontrará eco en sus corazones.

Otros aspectos de la situación

UN SEIS AL INICIO
Flota en el aire un tenue indicio de nuevas posibilidades. No se haga todavía demasiadas ilusiones. Evite dejarse arrastrar por la fantasía acerca de algo que quizá no suceda nunca.

UN SEIS EN EL SEGUNDO LUGAR
No haga nada hasta que no conozca más a fondo la situación. Espere y observe cómo se desarrollan los acontecimientos. Si actúa prematuramente, corre el riesgo de salir malparado.

UN NUEVE EN EL TERCER LUGAR
Es usted demasiado impulsivo. No intente forzar a los demás para que lo acepten, a usted o a sus ideas. De la misma manera, evite dejarse llevar por el entusiasmo de otra persona. Utilice su propio criterio. Ejercite el autodominio y tranquilícese.

UN NUEVE EN EL CUARTO LUGAR
No intente manipular a las personas. Incluso en el supuesto de que de esta forma consiga influenciar en los demás, tendrá que estar luchando sin cesar

por mantener su dominio. Actúe con naturalidad y sinceridad. Responderán aquellos sobre los cuales pretende usted ejercer su influencia.

UN NUEVE EN EL QUINTO LUGAR

Sólo si está usted realmente convencido de algo, será capaz de influenciar en los demás. De otro modo, no podrá conseguir nada auténticamente importante.

UN SEIS EN EL LUGAR SUPERIOR

No puede ejercer influencia alguna en los demás si se limita sólo a hablar. Para que las palabras tengan poder, tienen que estar respaldadas por algo sólido. De otro modo, cualquier cosa que diga causará escasa impresión.

32

La Duración

━━━━ ━━━━
━━━━ ━━━━
━━━━━━━━━━
━━━━━━━━━━

Incluso el pájaro carpintero debe su éxito al hecho de que usa la cabeza
y sigue picoteando hasta acabar el trabajo comenzado.

COLEMAN COX

El principio de la perseverancia o la continuidad se encuentra por do-
quier en la naturaleza. Un árbol, por ejemplo, cambia constantemente a
medida que crece y alcanza su pleno desarrollo; sin embargo, sigue siendo
un árbol. Esto indica que la mejor manera de abordar la actual situación es
mantenerse firme frente a los cambios. No tome medidas radicales. Si algo
le funciona, persista en ello. No mariposee de aquí para allá. Escoja su camino y sígalo sin desviarse. Avance despacio hacia su objetivo. Si tiene que
decidir entre un método tradicional y otro innovador, utilice el compro-
bado y experimentado. Siga una rutina. Si tiene la impresión de que la situación se está estancando, quizá necesite hacer algún pequeño cambio.
Pero no pierda de vista su meta. No haga nada que pueda dañar sus probabilidades de éxito. Cuando tenga que tomar una decisión, sea consecuente
consigo mismo. Si las cosas van bien, no se descuide. Incluso las situacio-

112

nes más estables precisan cuidado y atención. Si los asuntos van mal, tenga paciencia. No se rinda.

Una oportunidad para el crecimiento personal

En el texto antiguo, este hexagrama representa una boda. Si su pregunta se refiere a una relación, entonces el significado es que debe comprometerse. Pero podría aplicarse igualmente a un proyecto, a un trabajo o a cualquier aspecto que lo preocupe en estos momentos. Si ha emprendido algo, debe seguir hasta el final. Practique la tolerancia y la constancia para perseverar en las cosas si el camino se hace escarpado. Cuando surjan dificultades, considérelas un desafío a su determinación y su resistencia; desde este punto de vista, un problema puede proporcionarle la oportunidad de fortalecerse a sí mismo y a sus relaciones. Procure ser flexible. Siempre hay que considerar el punto de vista de los demás. Al mismo tiempo, debe confiar en sí mismo. Defienda lo que sinceramente crea que es justo.

Otros aspectos de la situación

UN SEIS AL INICIO
Quiere usted demasiado y demasiado pronto. Es como si quisiera correr antes de haber aprendido a andar. No se arroje de cabeza a la nueva situación. Deténgase y considere las consecuencias. Si quiere una estabilidad duradera, debe perseverar. Intentar tomar atajos para conseguir un resultado rápido no es garantía alguna de éxito.

UN NUEVE EN EL SEGUNDO LUGAR
Conserve el sentido del equilibrio. Si hace poco, influirá escasamente en la situación; pero si fuerza las cosas, se pasará de la raya. Use su buen criterio para juzgar hasta dónde puede llegar sin correr riesgos. De esta forma no tendrá que lamentarlo.

UN NUEVE EN EL TERCER LUGAR
La estabilidad debe nacer del interior, sean cuales sean las circunstancias. Si su estado de ánimo depende de lo que está ocurriendo en cada mo-

mento, nunca será feliz. No tiene futuro andar cambiando constantemente las metas. Es más, si se muestra usted impredecible y fácilmente influenciable, la gente le perderá el respeto. E incluso usted acabará por perdérselo.

UN NUEVE EN EL CUARTO LUGAR

Sea práctico. Si su meta se resiste a ser alcanzada, es que era irreal de buen principio o es que sigue usted un camino equivocado. Posee una considerable determinación. Utilícela en el terreno en que realmente puede conseguir algo.

UN SEIS EN EL QUINTO LUGAR

A veces es conveniente aprender de los demás y seguir su ejemplo. En otras situaciones, el éxito deriva de actuar con independencia y confiar sólo en el criterio personal. Sea flexible. Adopte el método que sea más efectivo en las actuales circunstancias.

UN SEIS EN EL LUGAR SUPERIOR

No puede usted lograr su meta en un estado de constante agitación. La angustia y el nerviosismo le impiden adoptar un punto de vista realista respecto a su posición. Tranquilícese.

114

33

La Retirada

───────────
───────────
───────────
───────────
──── ────
──── ────

Emprendamos una honorable retirada.

Como gustéis, SHAKESPEARE

En estos momentos las condiciones no le son favorables. Le conviene retirarse estratégicamente mientras todavía se encuentra en una posición fuerte. Este tipo de retirada no debe confundirse con una rendición o una huida. Al contrario, es un rumbo de acción eficaz y constructivo. Tendemos a pensar que el éxito consiste en un logro perceptible. Pero en ocasiones hay que retirarse para planear el movimiento siguiente. Esto proporciona la oportunidad de tener una visión de la situación y valorar las prioridades. No vale la pena malgastar un tiempo y una energía valiosos luchando contra una situación imposible. Distánciese de personas negativas u hostiles con las que puede estar relacionado. Escoja cuidadosamente su ocasión; es esencial escoger el momento exacto. Evite enfrentamientos abiertos. No puede usted ganar y sólo lograría malgastar sus recursos.

Una oportunidad para el crecimiento personal

La cuestión es emprender la retirada sin perder la dignidad. Si es usted atacado o tiene la impresión de que ha sido malentendido, su orgullo puede haber resultado herido. En consecuencia, podría caer en la tentación de intentar imponer su punto de vista a toda costa. Pero sólo empeoraría las cosas. No debería enredarse en una batalla que no puede ganar. En estos momentos hay muchas cosas en contra. Controle las emociones. Conserve la calma y repliéguese en sí mismo. Si se retira y no presenta batalla, no resultará herido.

Este hexagrama puede además indicar la necesidad de abandonar un estilo de vida que no sirve a sus intereses. Si no aparecen líneas móviles y por tanto no aparece un hexagrama adicional, significa que sería mejor abandonar la situación para siempre. Por otra parte, podría usted beneficiarse de un período de retiro en el sentido literal de la palabra y aprovechar ese tiempo para recargar las baterías.

Otros aspectos de la situación

UN SEIS AL INICIO
Conserve la calma y no haga nada. Habría sido mejor abandonar antes. Intentar ahora algún tipo de acción resultaría desastroso. Debe ser paciente y esperar.

UN SEIS EN EL SEGUNDO LUGAR
Si está completamente decidido a cumplir con su deber, triunfará. Podría servirle de ayuda cooperar con alguien que está en situación de aconsejarlo.

UN NUEVE EN EL TERCER LUGAR
Es usted incapaz de abandonar una situación que no le resulta beneficiosa. Quizá se lo impiden sus propios temores y angustias. No intente esconderse tras otra persona ni espere que los demás libren la batalla por usted. Defiéndase. Intente mantenerse centrado e imparcial, sobre todo si quienes lo rodean tienen una actitud negativa. Si se deja arrastrar, se arriesga a agotarse.

UN NUEVE EN EL CUARTO LUGAR
Retírese con cortesía y elegancia. No se deje influenciar por lo que otras

personas digan o hagan para intentar detenerlo. Manténgase al margen en la medida de sus posibilidades. Así evitará verse arrastrado a un juego de estira y afloja que dañaría su posición. Si se niega a involucrarse, saldrán perdiendo sólo los que usted deja atrás.

UN NUEVE EN EL QUINTO LUGAR

Si escoge usted el momento oportuno, podrá retirarse de la situación de una forma absolutamente amistosa. Mantenga su decisión firme pero educadamente y no se deje desanimar por consideraciones irrelevantes.

UN NUEVE EN EL LUGAR SUPERIOR

Tiene usted muy claro que debe emprender la retirada sin pérdida de tiempo. Como no tiene dudas sobre lo que debe hacer, puede seguir su camino con toda tranquilidad. Si lo hace, el éxito está asegurado.

34

El Poder de lo Grande

══ ══
══ ══
─────────
─────────
─────────

No hay que tener miedo de la grandeza: algunos hombres nacen grandes,
otros consiguen serlo y otros la reciben sin buscarla.

La noche duodécima, SHAKESPEARE

Puede usted ejercer un efecto dinámico sobre la situación. Pero el hecho
de encontrarse en una posición sólida entraña la responsabilidad de aprovecharla bien. No sea ni agresivo ni tiránico. Antes de tomar una decisión,
considere cuidadosamente qué puede resultar más beneficioso para todos los
implicados. Muéstrese abierto a los consejos y puntos de vista de los demás.
Si insiste en seguir su propio camino sin miramiento alguno, se creará conflictos. Al final del día, sin embargo, escuche su conciencia y haga lo que
deba. Evite ser apartado de su propósito por consideraciones ajenas a la
cuestión. Una vez sepa lo que debe hacer, no actúe impulsivamente ni intente
precipitar las cosas a su conveniencia. Espere el momento propicio para ponerse en acción.

Una oportunidad para el crecimiento personal

Quienes tienen auténtico poder son los que menos precisan utilizarlo. Los individuos que presumen e intentan dominar a los demás no son poderosos, sino personas inseguras que quieren sentirse poderosas. Sea paciente, tolerante y respetuoso con los sentimientos de los demás. Respete las reglas del juego. Piense antes de actuar. Si se lanza a las cosas como un elefante en una cacharrería, hará estragos. No se deje llevar por la tentación de apabullar o manipular a los demás en su propio beneficio. Si abusa de su posición de alguna forma, tarde o temprano lo pagará. Muéstrese decidido a hacer lo que debe. Evite cualquier propensión a la autoindulgencia.

Otros aspectos de la situación

UN NUEVE AL INICIO
Por muy fuerte y confiado que se sienta, las condiciones no son favorables a sus proyectos. Si actúa temerariamente, perderá credibilidad. Confórmese con llevar a cabo algunos pasos previos. No malgaste todas sus energías y recursos en esta etapa. El exceso de entusiasmo al comienzo de una situación acostumbra a desvanecerse con facilidad.

UN NUEVE EN EL SEGUNDO LUGAR
Puede seguir adelante sin que se lo impidan serios obstáculos. Pero no descuide por ello la prudencia. Todo saldrá bien si no se confía demasiado.

UN NUEVE EN EL TERCER LUGAR
La persona en verdad más poderosa es la que menos precisa ejercer ese poder. Si hace usted alarde de su fuerza, se creará antipatías. No intente forzar los asuntos de ese modo.

UN NUEVE EN EL CUARTO LUGAR
Con tal de que utilice su influencia de forma correcta, los obstáculos desaparecerán. La mejor manera de vencer cualquier resistencia es proceder con calma y paciencia, paso a paso. Recuerde siempre que el agua acaba por erosionar la roca.

UN SEIS EN EL QUINTO LUGAR

La situación ha mejorado. Ahora no hay ningún obstáculo en su camino. Esto significa que no hay necesidad alguna de mostrarse tozudo o agresivo. Puede usted resolver la situación armónicamente.

UN SEIS EN EL LUGAR SUPERIOR

La situación está estancada. No puede usted avanzar más. Si persiste en forzarla, complicará aun más las cosas. Deje de luchar. Resígnese al hecho de que no puede hacer nada más. Si quiere resolver la cuestión, tendrá que buscar otro camino.

35

El Progreso

Tú eres la luz del mundo. Una ciudad construida sobre
una colina no puede permanecer oculta.

Mateo 5

Ahora es factible un progreso rápido. Se reconocen y aprecian sus capacidades. Tiene usted la oportunidad de lucirse utilizándolas. Sea sincero y generoso. Su progreso personal depende de que aproveche sus dones de forma desinteresada. Cuanto más ayude a alguien a mejorar, más fortalecerá su posición. La amplitud de espíritu le permitirá arrojar luz sobre todos los aspectos de la actual situación. Tenga fe en su perspicacia y transmítasela a los demás. Como tiene usted las ideas muy claras, puede ejercer en los demás enorme influencia, cosa que redundará en beneficio de todos los implicados. A su vez, recibirá usted todo el apoyo que precisa.

Una oportunidad para el crecimiento personal

Lo que importa ahora no es tanto lo que usted hace sino lo que usted es. Dentro de todos nosotros hay una chispa de divinidad. Cuando alcanzamos nuestra verdad más íntima, nos ponemos en contacto con ese espíritu divino. A medida que avanzamos en la vida, esa visión clara y directa se hace más borrosa, pues somos hipnotizados y condicionados por las opiniones de otras personas acerca de lo que es justo. Ahora, para continuar progresando, debe usted descubrir sus valores más profundos y vivir de acuerdo con ellos. Si su estilo de vida es incompatible con su auténtica naturaleza, no podrá ser feliz. Tenga el valor de defender sus convicciones y proclame su verdad. No se preocupe por la aprobación o desaprobación de los demás. Lo más importante es vivir en armonía con uno mismo. De este modo, su vida se desarrollará por el camino correcto.

Otros aspectos de la situación

UN SEIS AL INICIO

No se desanime si los demás no confían en sus capacidades. Tenga fe en sí mismo. Aunque quizás en estos momentos se sienta incapaz de progresar, acabará haciéndolo.

UN SEIS EN EL SEGUNDO LUGAR

El progreso se ha bloqueado. No puede usted contactar con alguien que pudiera ayudarlo. No se desanime. El bache es pasajero. Si persevera, saldrá de él. Encontrará la colaboración que precisa. Una mujer puede servirle de ayuda en estas circunstancias.

UN SEIS EN EL TERCER LUGAR

Aunque quizá preferiría usted ser totalmente independiente, su progreso depende del apoyo de los demás. No sea orgulloso y acepte su cooperación. Lo ayudará y le dará ánimos.

UN NUEVE EN EL CUARTO LUGAR

Se le ofrece ahora la oportunidad de progresar. Aprovecharla supondría implicarse en actividades o métodos dudosos, e inevitablemente sería usted descubierto y se encontraría entonces en una situación desagradable. ¿Vale la pena arriesgarse?

UN SEIS EN EL QUINTO LUGAR

Quizás esté usted preocupado porque no ha sabido aprovechar al máximo una oportunidad. No se apure. Se encuentra usted en una posición muy ventajosa. No importa que haya dejado algunas cosas por hacer; esto no perjudicará el resultado final. Lo esencial es seguir avanzando; ese progreso continuo garantiza el buen funcionamiento de todo.

UN NUEVE EN EL LUGAR SUPERIOR

Una desgracia podría ser el resultado de intentar forzar los acontecimientos. La situación se le escapará de las manos. Domínese. Acepte que ha ido todo lo lejos que le ha sido posible. Evite ser agresivo con los demás.

36

El Oscurecimiento de la Luz

Una respuesta suave disipa la cólera; pero las palabras duras suscitan la ira.

Proverbios 15

En ciertos aspectos el entorno es hostil. Pero las circunstancias son tales que no hay salida. A su debido tiempo esto cambiará. Entretanto, no tiene usted más remedio que conformarse con pasar inadvertido. Si intenta comunicar sus puntos de vista, se encontrará con una reacción negativa. Sus valores difieren de los de las personas que lo rodean. Protéjase dejándoles pensar que acepta usted su posición. Podría ser usted objeto de la envidia o el resentimiento de alguien. Vele por sus intereses. No suscite discusiones ni actúe de forma agresiva. No debe perder de vista sus metas pero, por el momento, su determinación a alcanzarlas debe pasar inadvertida. No permita que lo que otros digan o hagan mine su estabilidad y autoconfianza. Mantenga vivas sus opiniones en lo más profundo de su corazón. A su debido tiempo se revelará usted como auténtico ganador.

Una oportunidad para el crecimiento personal

Tiene que replegarse en sí mismo y evitar enfrentamientos. Oculte sus habilidades. Dejarlas brillar podría dañarlo. Los demás no están bien dispuestos hacia usted. Por muy fuerte que se sienta, debe dejar que las cosas maduren y esperar que llegue su hora. Puede resultar particularmente difícil si los demás no pueden ver lo que es obvio para usted. No caiga en la tentación de hacerles patente su error; sólo lograría empeorar las cosas. No le queda más remedio que permanecer fiel a sí mismo y quedarse en segundo término. Guárdese sus pensamientos y sentimientos e intente mostrarse cortés y amable. Cuídese y espere a que la situación mejore. En estos momentos le podrían servir de ayuda la meditación y la plegaria.

Otros aspectos de la situación

UN NUEVE AL INICIO
No puede usted luchar contra las dificultades actuales. Para proteger sus intereses y evitar comprometerse, necesita abandonar la situación.

UN SEIS EN EL SEGUNDO LUGAR
Se ha metido en serias dificultades. Una persona más débil podría resultar destruida por el curso de los acontecimientos. Pero debe usted aceptar el reto; que le sirva de acicate para tomar iniciativas que ayudarán a todos los implicados. Conserve la calma y tenga mucho ojo. Si utiliza sus recursos con inteligencia, puede salvar la situación.

UN NUEVE EN EL TERCER LUGAR
Durante la persecución de su objetivo, ha visto usted muy claro el origen del problema. Debe perseverar en la determinación de hacerle frente. Las dificultades han surgido como resultado de actitudes negativas, por parte de usted o de otra persona. Sea como fuere debe proceder despacio y con prudencia. La situación se ha enrarecido y no mejorará de la noche a la mañana.

UN SEIS EN EL CUARTO LUGAR
Su clarividencia le ha despojado de ilusiones. No existe posibilidad alguna de que las cosas mejoren. Conviene abandonar inmediatamente el asunto.

UN SEIS EN EL QUINTO LUGAR

Su capacidad de perseverar ante las dificultades está siendo puesta a prueba. Se ve obligado a soportar una posición incomodísima. En cierto modo, es usted víctima de circunstancias que no puede controlar. Por tanto, no vale la pena presentar batalla. Sin embargo, no debe rendirse. Esconda sus auténticos pensamientos y sentimientos por el momento. Sea extremadamente prudente. Su paciencia y autodominio acabarán siendo recompensados.

UN SEIS EN EL LUGAR SUPERIOR

La situación no puede ser peor. Un poder que podría haber sido empleado de forma positiva y creativa ha sido malgastado en propósitos dañinos. Este estado de cosas se desintegrará inevitablemente, dejando paso a algo mucho mejor. Es ley natural que cuando la oscuridad ha seguido su curso vuelva a aparecer la luz.

37

El Clan

≡≡
≡ ≡
≡≡
≡ ≡

Odio estar tranquilo en casa.

SAMUEL PEPYS

En estos momentos, las preocupaciones familiares son notables. Esto no se refiere necesariamente a la tradicional estructura de padre, madre e hijos. Dos o más personas que comparten sus vidas o que trabajan juntos podrían constituir una «familia». Es esencial conservar la casa en orden. Esto podría significar literalmente que se requiere una limpieza general o alguna reparación. O quizá son las relaciones familiares las que precisan atención. El afecto y apoyo mutuos son los ingredientes necesarios para una vida feliz en común. Las relaciones funcionan bien porque los implicados en ellas se profesan respeto mutuo. Pero demasiado a menudo, por desgracia, se da el caso de que lo conocido no se estima. Vivir en espacios cerrados puede provocar en las personas una falta de cortesía que sería impensable en el mundo exterior. La consideración hacia los seres cercanos es lo que salvaguarda las relaciones en tiempos difíciles.

127

Una oportunidad para el crecimiento personal

Coopere y esfuércese por cumplir sus funciones en el seno de la familia o del grupo en cuestión. No se empeñe en imponerse. Procure comprender las necesidades de los demás para poder contribuir a su bienestar; no les exija hacer lo que usted no podría. Si desea que lo tomen en consideración, sus palabras deben tener poder. Diga lo que piensa y piense lo que diga. Si practica lo que predica, ganará autoridad y respeto. Procure ser amable y tolerante; pero no dude en mostrarse firme y ejercer su autoridad cuando sea necesario. Sería un error, por ejemplo, tolerar comportamientos destructivos o antisociales en el seno de la familia.

Otros aspectos de la situación

UN NUEVE AL INICIO

Al comienzo de cualquier esfuerzo, los papeles y responsabilidades de las personas implicadas deben definirse con toda claridad. Asegúrese de que todos conocen exactamente el terreno que pisan. Así minimizará el riesgo de que luego las cosas se escapen de las manos. Cuando se han consolidado hábitos o comportamientos negativos, es mucho más difícil ponerles remedio.

UN SEIS EN EL SEGUNDO LUGAR

Ponga cuidadosa atención a sus responsabilidades inmediatas; cúmplalas lo mejor que pueda y no intente asumir otras. Evite actuar impulsivamente.

UN NUEVE EN EL TERCER LUGAR

Las palabras pronunciadas en un acceso de cólera pueden causar un daño irremediable. El mal carácter debe ser controlado y el respeto hacia los demás, fomentado. En cualquier tipo de grupo tiene que haber disciplina. Pero no debe ser excesivamente estricta. Sin embargo, es mejor pecar de severidad que de indulgencia. Si es usted demasiado permisivo, el resultado será el caos.

UN SEIS EN EL CUARTO LUGAR

Sea servicial con el prójimo. Su apoyo es de inmenso valor para todos los implicados y será recompensado con creces.

UN NUEVE EN EL QUINTO LUGAR

Se vislumbra una atmósfera de confianza y afecto mutuos. Es ésta la base de la felicidad en las relaciones. Si ostenta usted una posición de autoridad, utilícela para cuidar a quienes dependen de usted y no para controlarlos.

UN NUEVE EN EL LUGAR SUPERIOR

La mejor forma de influir sobre los demás es ser sincero con uno mismo. No intente imponer su autoridad. Si cumple usted con sus responsabilidades, gozará del respeto y la confianza de los demás.

38

El Antagonismo

```
═══════════
═══    ═══
═══    ═══
═══════════
═══════════
═══════════
```

Sin contrarios no hay progreso. La atracción y la repulsión, la razón
y la fuerza, el amor y el odio son necesarios para la existencia humana.

WILLIAM BLAKE

El hexagrama indica desacuerdos. A causa de malentendidos, ha estallado
un conflicto entre las personas implicadas. La duda y la desconfianza impiden el buen entendimiento. En semejantes circunstancias no se puede avanzar. Evite confrontaciones innecesarias. Procure ceder algo por su parte para
llegar a un acuerdo. Las iniciativas de este tipo pueden cambiar el ambiente y
suavizan un tanto actitudes ásperas. Se abre la puerta de la reconciliación,
aunque sólo sea un poco. Actúe con delicadeza pues por el momento es bien
poco lo que puede usted hacer. Sobre todo, sea tolerante; de este modo se podrá encontrar un terreno común en el que construir. Sólo una persona fuerte tiene la autoestima y la generosidad de corazón necesarios para ser tolerante.

Una oportunidad para el crecimiento personal

Hay momentos en que el antagonismo puede ser extremadamente útil. Si puede usted salvar sus diferencias con otras personas, se abrirá una perspectiva nueva. Pero debe preservar la dignidad; no se trata de ceder. Debe usted mantener su punto de vista, pero al mismo tiempo necesita mostrarse dispuesto a escuchar a la otra parte. Recuerde que los contrarios son esenciales en el proceso de la vida; cuando se encuentran pueden resultar estimulantes y excitantes; o también, naturalmente, pueden luchar y hacerse mutuamente la vida imposible. Todo depende de la actitud que adopte usted. Si de verdad es capaz de respetar y aprender del punto de vista ajeno, el período de antagonismo beneficiará a todos los implicados.

Otros aspectos de la situación

UN NUEVE AL INICIO

Si hay algún malentendido, no intente forzar la reconciliación. Deje que las cosas sigan su propio curso y ritmo. El contratiempo sólo es temporal. No se traicione a sí mismo. Si tiene que tratar con gente hostil, guarde una distancia prudencial. Si reacciona agresivamente, se verá involucrado de manera innecesaria en un conflicto.

UN NUEVE EN EL SEGUNDO LUGAR

Prepárese para un inesperado o inusual giro en los acontecimientos, del que saldrá, de algún modo, beneficiado. Quizá conozca a alguien en quien de inmediato reconozca un alma gemela. En estos momentos, puede cambiar su destino.

UN SEIS EN EL TERCER LUGAR

Los problemas parecen sucederse unos a otros. Cualquier cosa que intenta usted hacer se ve bloqueada. No se rinda. Preste su apoyo a lo que considera justo. Al final la situación mejorará.

UN NUEVE EN EL CUARTO LUGAR

La sensación de soledad llega a su fin. Conocerá a alguien de espíritu afín en quien podrá confiar y que colaborará con usted.

UN SEIS EN EL QUINTO LUGAR

Alguien desea de corazón una reconciliación. Sin embargo, aún siente usted recelos. Pero la persona en cuestión abriga inmejorables intenciones respecto a usted y puede servirle de ayuda. Acepte la rama de olivo y muéstrese dispuesto a cooperar.

UN NUEVE EN EL LUGAR SUPERIOR

Algunos malentendidos lo han llevado a dudar de las motivaciones de personas cuyas intenciones son realmente sanas. Sería conveniente que bajara sus defensas y saliera a su encuentro. Si deja de ver agravios donde no los hay, las relaciones recobrarán su vigor.

39

El Impedimento

```
━━━━   ━━  ━━━━
━━━━   ━━  ━━━━
━━━━   ━━  ━━━━
━━━━   ━━  ━━━━
```

No fallaremos ni vacilaremos; no flaquearemos ni desfalleceremos.

Sir Winston Churchill

Frente a problemas aparentemente insuperables, se siente usted paralizado. Parece como si no hubiera salida. Haga lo que haga, no sirve de nada. De hecho, cuanto más se esfuerza usted por resolver la cuestión, más empeoran las cosas. La respuesta es no empeñarse en intentar que las cosas funcionen. Reconozca, sencillamente, que no sabe usted qué hacer. Lo que realmente está claro es que su estrategia actual no surte efecto alguno. Necesita intentar otras tácticas. Pero, tal como están las cosas, los árboles no le dejan ver el bosque. ¿Cómo conseguir una visión más imparcial? La respuesta es renunciar por el momento a intervenir en la situación. Esto no significa rendirse. Al contrario, debe usted perseverar en la consecución de su meta. Pero el primer paso hacia el éxito implica abandonar una posición que obviamente no lo conduce a ninguna parte.

Una oportunidad para el crecimiento personal

No sirve de nada culpar a otras personas o a las circunstancias de los problemas actuales. El verdadero obstáculo para avanzar reside en usted mismo. Urge un cambio de actitud; sólo así podrá seguir adelante. Con esta perspectiva, es posible transformar una situación aparentemente frustrante en una productiva fuente de información. Esto demuestra que le queda algo por aprender. ¿No será, por ejemplo, que espera usted demasiado de la gente? O a lo mejor se marca usted metas imposibles o es demasiado impaciente en cuanto a resultados se refiere. Sea como fuere, es ésta una oportunidad de oro para su desarrollo personal. No dude en pedir consejo o apoyo para aprovecharla de la mejor forma posible. Acérquese a la gente que entiende lo que espera usted lograr. Sus opiniones, que derivan de una perspectiva diferente, lo inspirarán y ayudarán a renovar su espíritu.

Otros aspectos de la situación

UN SEIS AL INICIO

Repliéguese y no haga nada por ahora. Sería contraproducente intentar forzar la cuestión. A su debido tiempo, se presentará la ocasión de actuar.

UN SEIS EN EL SEGUNDO LUGAR

Le guste o no, tiene que abordar el problema de frente. No hay otra elección. Deje a un lado cualquier duda y cumpla con sus responsabilidades.

UN NUEVE EN EL TERCER LUGAR

No es recomendable una acción directa por muy tentado que se sienta a llevarla a cabo. Pondría usted en peligro tanto su seguridad como la de otras personas.

UN SEIS EN EL CUARTO LUGAR

Carece usted de los recursos necesarios para enfrentarse solo a la situación. Acepte la ayuda de personas que a su juicio son serias y formales.

UN NUEVE EN EL QUINTO LUGAR

Por muy insuperables que parezcan los obstáculos, no permita que lo desvíen de su meta. Encare las dificultades con determinación y resuélvalas. Se ganará la ayuda de personas impresionadas por la fuerza de su carácter y, por tanto, deseosas de cooperar con usted. Los resultados beneficiarán a todos los implicados.

UN SEIS EN EL LUGAR SUPERIOR

Puede usted sentirse tentado a meter la cabeza debajo del ala y a simular que los problemas no son de su incumbencia. Pero la verdad es que le conciernen. Para resolver la situación, se necesita el esfuerzo de todos pero su contribución personal es esencial para un desenlace positivo.

40

La Liberación

Estaba enfadado con un amigo; expresé con palabras mi ira y desapareció.

WILLIAM BLAKE

Ha llegado usted al final de un frustrante período en el que le ha sido imposible avanzar. En materia de relaciones, ha habido malentendidos y conflictos. Ahora por fin es factible resolver las dificultades y llevar a término los proyectos. Puede usted escapar de una situación que no le satisface. Pero nada de esto sucederá sin su activa cooperación. Su papel es entender los factores que han estado refrenándolo. Piense dónde se ha bloqueado y por qué. Reflexione hasta qué punto han contribuido a ello sus propias acciones y actitudes. Déjese llevar por la intuición y haga algún cambio donde le sea posible. De este modo, se desvanecerán muchos obstáculos de forma natural. Encontrará alivio a la angustia y el estrés acumulados y podrá recuperar así una rutina mucho más satisfactoria. Pero no aplace usted la decisión. Ha llegado el momento de coger el toro por los cuernos.

Una oportunidad para el crecimiento personal

Debe enfrentarse a cuestiones emocionales pendientes de solución. Aferrarse a hostilidades, a sentimientos o agravios antiguos lo mantiene anclado en el pasado; en cambio, olvidarse de todo eso limpiará el ambiente y le posibilitará vivir plenamente el presente. No se explaye en los errores o faltas del prójimo. Usted no puede cambiar a los demás. Pero si está dispuesto a ser generoso, puede cambiarse a sí mismo y adoptar un punto de vista más positivo. De este modo, dejará de considerarse una víctima de las circunstancias. Si se siente herido o irritado, no alimente ni aliente su resentimiento. Procure que los asuntos afloren. Intente mostrar buena voluntad y procure aclarar malentendidos. Deje el pasado atrás, que es donde le corresponde estar. Sólo así podrá seguir adelante para encarar el futuro con energía y confianza renovadas.

Otros aspectos de la situación

UN SEIS AL INICIO

Ha hecho usted todo lo que está en su mano. Ahora puede ya relajarse, descansar y recuperar fuerzas. Cualquier acción resultaría precipitada.

UN NUEVE EN EL SEGUNDO LUGAR

Un elemento destructivo está influyendo en la situación. Podría corporizarse en animosidades ajenas o en sus propias actitudes negativas. Sea lo que fuere, está minando su posición. A menos que tome usted medidas para detenerlo, podría hacerle perder una oportunidad muy valiosa. Si es honesto y decidido, acabará por vencer.

UN SEIS EN EL TERCER LUGAR

Ha encontrado el modo de alcanzar una meta difícil. Pero todavía hay mucho que hacer. Sea consciente de sus propias limitaciones. Si persiste en hacer algo que no le corresponde o que está fuera de sus posibilidades, se arriesga a resultar humillado.

UN NUEVE EN EL CUARTO LUGAR

Algunas personas se han comprometido con usted por razones egoístas o interesadas; no abrigan buenas intenciones. Debe usted apartarse de esas relaciones poco recomendables pues le impiden entablar sincera amistad con personas que desearían colaborar desinteresadamente con usted.

UN SEIS EN EL QUINTO LUGAR

Para sacar el máximo partido a la vida, debe usted liberarse de compromisos con personas o cosas que lo perjudican. Desarrolle una actitud positiva respecto a sí mismo. Luche por su propio bienestar. Conviértase en su mejor amigo. De este modo, dejará de atraer a personas y circunstancias perjudiciales.

UN SEIS EN EL LUGAR SUPERIOR

El último y más poderoso obstáculo puede ser ahora superado. Trace cuidadosamente los planes necesarios para vencerlo. Espere a que madure la situación y actúe entonces. Si ha acertado usted con el momento oportuno, dará en el blanco. Nada se opondrá entonces entre usted y el éxito.

41

La Merma

Por eso —observó el Grifo— es curso: porque disminuye en escorzo día a día.[1]

Alicia en el País de las Maravillas, LEWIS CARROLL

La Merma implica tener menos de algo; forma parte de un ciclo natural de acontecimientos y, por tanto, es inevitable. Significa que debe usted renunciar a algo o a algún aspecto de su vida. A largo plazo, esta renuncia redundará en su propio beneficio. Haga inventario de la situación, decida cuáles son sus prioridades y simplifique su vida de acuerdo a ellas. Quizá se sienta usted en desventaja si se compara con otros que tienen más; pero en la situación actual es más importante quién es usted que lo que posee en el aspecto material. Lo esencial por encima de todo es ser sincero. No pretenda ser lo que no es. Tenga fe en sí mismo y actúe con integridad. Comprobará que los demás responden positivamente. Esté más dispuesto a dar que a recibir. Si tiene que replegarse a un segundo término, hágalo con

---

[1] En el original se establece un juego de palabras entre *lessons* (lecciones, curso) y *lessen* (disminuir).

elegancia. No se preocupe por el resultado final. Se vislumbra un éxito grande.

Una oportunidad para el crecimiento personal

No se extralimite en sus reacciones. Respecto a su personalidad, la Merma implica la superación de la autoindulgencia. Significa controlar las emociones en lugar de darles rienda suelta. Si hace un drama de la situación, no podrá tener una perspectiva equilibrada. No haga una montaña de un granito de arena. Ejercite el autocontrol. Considere que hay diferentes posibilidades de hacer las cosas. No se empecine en seguir su propio camino. Dispóngase a contribuir de manera positiva en la situación. El hecho de poner sus capacidades al servicio de los demás lo ayudará a desarrollar su propio potencial, cosa que sin duda alguna le traerá buena suerte.

Otros aspectos de la situación

UN NUEVE AL INICIO
Acabe las tareas de las que es responsable. Entonces podrá brindar su apoyo a los demás. Déles sólo lo que sea preciso para ayudarlos a que se ayuden a sí mismos. Piense en lo que está haciendo. No sirve de nada que la ayuda prestada se convierta en dependencia. Esto también es aplicable a la inversa; por tanto, acepte de los demás lo que sea estrictamente necesario.

UN NUEVE EN EL SEGUNDO LUGAR
Dé sólo lo que le haga sentirse cómodo. No haga nada que le cueste un esfuerzo excesivo. Preserve su dignidad y autoestima. Sólo así estará en posición de ayudar realmente a los demás. No beneficia usted a nadie, y mucho menos a sí mismo, atendiendo a las expectativas irracionales de los demás.

UN SEIS EN EL TERCER LUGAR
Dos son compañía pero tres son multitud, y además se desequilibra la balanza. Si permanece solo, conseguirá la ayuda que precisa. En cambio, si in-

tenta formar parte de una asociación estable porque tiene miedo de la soledad, surgirán problemas. No intente forzar los asuntos. Espere a que la solución se presente por sí sola.

UN SEIS EN EL CUARTO LUGAR

Una perspectiva negativa es perjudicial para su bienestar y sólo puede contribuir a aislarse. Si muestra animosidad, la gente que podría ayudarlo no se sentirá inclinada a buscar su compañía. En lugar de ser crítico con los demás, enfréntese a sus propios defectos. Si desarrolla una misión más optimista, ganará amigos y colaboradores y la vida será mucho más agradable.

UN SEIS EN EL QUINTO LUGAR

No tiene por qué preocuparse. El destino está de su parte. Procure mejorar y tendrá su recompensa. Nada puede impedirle lograr el éxito y la buena suerte.

UN NUEVE EN EL LUGAR SUPERIOR

Tiene usted mucho para dar. No sea egoísta. Amplíe sus miras. Ponga sus recursos al servicio de los demás. La gente se mostrará deseosa de ayudarlo a alcanzar sus objetivos. Cuanto más dé, más beneficio sacará usted y también todos los demás.

42

El Aumento

☰☷

Hay una manera en los asuntos de los hombres que,
aprovechada en su flujo, conduce hacia la fortuna.

Julio César, SHAKESPEARE

La marea de la fortuna le resulta propicia. Ahora pueden resolverse problemas. Pueden florecer relaciones y proyectos. Surgen nuevas oportunidades. Es factible un cambio en profundidad. Incluso pueden emprenderse con éxito tareas difíciles. Pero depende de usted aprovechar al máximo este período favorable pues no durará eternamente. Ahora es el momento de emprender lo necesario para hacer avanzar los asuntos. Si ha estado vacilando, tome una decisión. Tenga el coraje de dar un salto en el vacío si es preciso. El resultado será positivo. El Aumento implica tender la mano a los demás y ayudarlos. No tendrá éxito lo que emprenda empujado sólo por el egoísmo. En cambio, lo que ofrezca libre y generosamente le será devuelto con creces. Piense en lo que puede usted aportar a la situación y no en lo que puede obtener de ella.

Una oportunidad para el crecimiento personal

El Aumento indica que se le brindan muchas oportunidades. Apunte alto y dé lo mejor de sí mismo. Un punto de vista positivo lo ayudará a aprovechar al máximo sus fuerzas; pero las actitudes negativas —especialmente respecto a usted mismo— son un lastre; le pesarán y le restarán libertad de movimiento. Para liberarse de ellas, necesita autodisciplina y un compromiso sincero con sus intereses más generosos. Es una dura tarea pero proporciona una enorme recompensa en lo que se refiere a su bienestar general. Puede servirle de ayuda adoptar como modelo a alguien cuyas excelentes cualidades admire usted. Esfuércese por evidenciar esas cualidades en su propia vida.

Otros aspectos de la situación

UN NUEVE AL INICIO
La fortuna está de su parte. Puede alcanzar objetivos que valen la pena. Es el momento de abordar algo que quizá juzgaba hasta ahora fuera de su alcance. Con tal de que actúe por motivos desinteresados, el resultado será muy positivo.

UN SEIS EN EL SEGUNDO LUGAR
El destino le sonríe de tal modo que sus asuntos florecen. Su generosidad de espíritu favorecerá que siga atrayendo la buena suerte. Conserve los pies en el suelo. Preste atención a los detalles de la vida cotidiana como siempre.

UN SEIS EN EL TERCER LUGAR
Aunque la situación es difícil, las condiciones son tales que acabará usted sacando provecho de ella. Asegúrese de estar haciendo lo que debe. Su honradez será bien apreciada. De hecho, los tiempos difíciles pueden servir de mucho; aprendiendo cómo hacerles frente adquirirá usted una experiencia y unos hábitos de inconmensurable valor.

UN SEIS EN EL CUARTO LUGAR
Muéstrese receptivo respecto a otros puntos de vista. Si se ve obligado a actuar de mediador, no tome partido. Su responsabilidad consiste en asegurar que todos los implicados se beneficien de la situación de un modo u otro. Si lo consigue, se ganará la confianza y el respeto de todos.

UN NUEVE EN EL QUINTO LUGAR

Si posee usted la más rara de las cualidades, un corazón en verdad bondadoso, no tiene necesidad de preguntar acerca del resultado de sus acciones. Su sincera preocupación por los demás garantiza que saldrá bien cuanto haga. Los otros no pueden menos que reconocer su valía.

UN NUEVE EN EL LUGAR SUPERIOR

Aunque tiene capacidad para beneficiar a otras personas, no lo está haciendo. Esta actitud le creará hostilidades y sólo le acarreará desgracias. Debe dejar de coger y empezar a dar.

43

El Desbordamiento

≡≡
――
――
――

Empieza por el principio —dijo el Rey con toda seriedad—
y sigue hasta llegar al final: allí deténte.

Alicia en el País de las Maravillas, LEWIS CARROLL

Debe usted adoptar una posición firme. Es necesario salvar un obstáculo
de algún tipo que no desaparecerá por sí mismo. Los asuntos han llegado a
un punto en el que, si se les deja seguir su curso, se encontrará usted involucrado en un compromiso inaceptable. Debe usted tener muy claro que la situación tiene que cambiar y debe estar totalmente decidido a hacer algo por
conseguirlo. Pero es de vital importancia proceder con prudencia. Asegúrese
de que conoce aquello con lo que se enfrenta. No se extralimite en sus reacciones ni se lance a la ofensiva. Sea cortés pero firme. Aunque debe dejar
bien claras sus opiniones, intente hacerlo de forma que no ofendan. Mantenga una perspectiva equilibrada. Si el problema es una de esas dificultades
que surgen en una relación íntima, no sirve de nada que una de las partes
eche las culpas a la otra. Procure airear todas las quejas y entonces dispóngase a dejar el pasado atrás.

Una oportunidad para el crecimiento personal

Si está poniendo objeciones al comportamiento de alguien, compruebe primero si no estará viendo la paja en el ojo ajeno e ignorando la viga en el propio. Por otra parte, se arriesga a proporcionar a la otra persona en cuestión municiones para que las use contra usted. Si está realmente seguro de que el problema no reside en usted mismo, no dude en abordarlo. Si no, considere primero el papel que ha desempeñado usted en el asunto. No disculpe sus propios defectos. Utilícelos como punto de partida para su desarrollo personal. Pero no se obsesione con esos puntos negros. Es mucho mejor para su propia confianza concentrarse en desarrollar energías que lo capacitarán para contribuir positivamente a la situación. Si tiene usted un espíritu abierto, encontrará mucho que aprender.

Otros aspectos de la situación

UN NUEVE AL INICIO
Por muy grande que sea su resolución, no es usted lo suficientemente fuerte como para abordar con éxito el problema al que se enfrenta. Sea prudente. No se salga de sus límites. Si sobrestima sus capacidades, podría comprometer su posición.

UN NUEVE EN EL SEGUNDO LUGAR
Manténgase alerta. En cualquier momento pueden surgir dificultades. Si está preparado para abordarlas, su posición será segura.

UN NUEVE EN EL TERCER LUGAR
Debe usted decidir la forma de enfrentarse a una fuerza destructiva. Quizá los demás malinterpreten su método. Pero si está usted completamente seguro de las razones de lo que está haciendo, saldrá ileso.

UN NUEVE EN EL CUARTO LUGAR
No le beneficiará en nada seguir haciendo las cosas a su modo. Si fuera usted menos tozudo y estuviese más dispuesto a escuchar los buenos consejos, la situación podría resolverse de forma satisfactoria.

146

UN NUEVE EN EL QUINTO LUGAR

No se rinda ante persistentes dificultades. Necesita usted atajar las mismísimas raíces del problema. Sea cual fuere la forma que elija para hacerlo, actúe siempre con honestidad.

UN SEIS EN EL LUGAR SUPERIOR

En apariencia, parece que los problemas estuvieran solucionados. A lo mejor cae usted en la tentación de bajar la guardia. Pero no se engañe. Todavía persisten vagas dificultades. No puede permitirse el lujo de adormecerse en una falsa sensación de seguridad.

44

El Ir al Encuentro

———————
———————
———————
———————
——— ———

Guardaos, a lo largo de vuestra vida, de juzgar
a la gente por las apariencias.

JEAN DE LA FONTAINE

Si le inquieta la situación, aunque no sepa muy bien por qué, confíe en
su instinto. Quizás es que alguien no abriga sanas intenciones hacia usted. Si alguna persona le ha hecho algún tipo de ofrecimiento, tenga cuidado. Preste mucha atención a lo que le dicen. Compruebe si las palabras
coinciden con los hechos, pues están en juego su dignidad y su integridad.
Para evitarlo, hágase el firme propósito de no permitir que nadie tenga
poder sobre usted. No tenga reparos en dejar bien claro su punto de vista.
Si la gente se da cuenta de que no pueden engañarlo, no perderán el
tiempo intentando convencerlo. Sin embargo, no todos los ofrecimientos
son sospechosos. En una situación en la que esté usted seguro de las buenas intenciones del prójimo, sería muy beneficioso para ambas partes llegar a un acuerdo.

Una oportunidad para el crecimiento personal

Ocultos peligros acechan en una situación aparentemente agradable. Si se abandona a una tentación en apariencia inofensiva, puede encontrarse de pronto en una situación difícil. Sea prudente. No se salga del camino correcto. Si es consciente de que algún mal hábito está colándose en su vida, no deje que arraigue. Es preferible afrontar cualquier tipo de problema al inicio, porque, si se le permite dominar la situación, es muy posible que se nos escape de las manos. Esto es también aplicable a los pensamientos negativos. Si no logra controlarlos en cuanto surgen, pueden empezar a contaminar su visión global.

Otros aspectos de la situación

UN SEIS AL INICIO

Algo muy destructivo está empezando a revelarse. Debe procurar detenerlo antes de que se desarrolle y cause algún perjuicio. No se deje llevar por emociones y sentimientos negativos.

UN NUEVE EN EL SEGUNDO LUGAR

Resístase a formas de pensar negativas. Contrólelas tanto por su bien como por el de las personas que pudieran resultar perjudicadas. Del mismo modo, no se deje influenciar por las actitudes pesimistas de quienes lo rodean.

UN NUEVE EN EL TERCER LUGAR

Se enfrenta con la tentación. Ha surgido una oportunidad seductora y a usted le gustaría dejarse arrastrar. Por suerte, las circunstancias son tales que se lo impiden. Sin embargo, se encuentra usted indeciso. Considere la cuestión cuidadosamente. Si lo piensa mejor, evitará cometer un serio error.

UN NUEVE EN EL CUARTO LUGAR

No se dé aires de superioridad con personas a quienes juzga insignificantes, pues no se sabe nunca cuándo va a necesitar su ayuda. Sea amable y tolerante; de este modo, podrá contar con ellos en el futuro.

UN NUEVE EN EL QUINTO LUGAR

Siga obrando lo mejor que pueda sin alardear. No intente impresionar a los demás ni convencerlos de su punto de vista. Si hace lo que debe como es debido, automáticamente logrará alcanzar su meta. No tiene nada que ganar intentando manipular la situación.

UN NUEVE EN EL LUGAR SUPERIOR

Quizá desea usted alejarse de determinadas personas cuya compañía lo molesta. Podría resultar menos traumático retirarse discretamente en vez de hacer una declaración de intenciones. Sea como fuere, no se hará usted popular. Pero como está haciendo lo que tiene que hacer, no le preocuparán en exceso las reacciones de los demás.

45

La Reunión

◯◯
◯◯
◯◯◯◯
◯◯◯◯
◯◯
◯◯

Adelante, pues, avancemos juntos con la fuerza que nos da la unión.

SIR WINSTON CHURCHILL

Cuando la gente se reúne en grandes grupos como las familias o las organizaciones, a veces el conflicto es inevitable. Sin embargo, trabajar en armonía beneficia a todos los integrantes del grupo. Si cada uno va en direcciones distintas, la comunidad se desintegrará. Cualquiera que sea su posición en el grupo, procure cumplir con su deber generosamente. Como miembro de la comunidad, preste su apoyo al líder. Si ocupa un puesto de responsabilidad o liderazgo, dé lo mejor de sí mismo en favor del grupo. Sean cuales fueren las circunstancias, manténgase fiel a lo que considera que es verdad. Esté alerta. Si es capaz de anticipar posibles dificultades, puede tomar las medidas necesarias para cortarlas de raíz. Intente actuar en interés de todos los implicados.

Una oportunidad para el crecimiento personal

Tiene que ser usted una persona de una sola pieza; especialmente si ocupa un puesto de liderazgo. Si se encuentra en conflicto consigo mismo, no conseguirá nada. Persevere firmemente en su meta. Si tropieza con dificultades en su entorno, no pierda el equilibrio. No permita que nada le debilite la fe en sí mismo y en lo que está haciendo. Sea cual sea el desafío con el que se enfrenta, mantenga la calma. Saque lo mejor de sí mismo y haga lo que es justo y equitativo. Si la gente sabe que puede contar con usted, le entregará toda su confianza y respeto.

Otros aspectos de la situación

UN SEIS AL INICIO
Quizá se encuentra usted confuso y por tanto duda de comprometerse. No se desanime si las cosas no salen conforme a sus planes. Puede contar con ayuda; sólo tiene que pedirla.

UN SEIS EN EL SEGUNDO LUGAR
Si se siente atraído por un grupo u organización, confíe en su instinto; haría bien en unirse a ellos. Como existe una empatía natural entre usted y las personas implicadas, lo aceptarán sin dificultad alguna. Es cuestión de encontrar espíritus afines.

UN SEIS EN EL TERCER LUGAR
El grupo en el que a usted le gustaría integrarse es un círculo cerrado. No intente entrar a toda costa. Tráguese el orgullo y adopte una actitud más humilde. Busque la alianza de alguien cuya posición en el grupo esté ya consolidada para que lo ayude a introducirse.

UN NUEVE EN EL CUARTO LUGAR
Sus motivos son intachables. Ha sacrificado intereses egoístas para trabajar por el bienestar común. Esto le acarreará un éxito enorme.

UN NUEVE EN EL QUINTO LUGAR
Una persona que desempeña un puesto de líder no puede granjearse el

respeto de los demás simplemente por la posición que ocupa. Ella o él tiene que conquistar la confianza de los demás por sus cualidades personales. Debe demostrar un compromiso sincero con el bienestar del grupo.

UN SEIS EN EL LUGAR SUPERIOR

Sus esfuerzos por contribuir no son apreciados. Pero no es culpa suya. Sus motivaciones han sido malinterpretadas. No intente esconder el hecho de que se siente herido. Esto puede causar que la persona o personas en cuestión revisen sus opiniones.

46

La Subida

Siempre tiene que haber un punto de partida en cualquier empresa grande, pero la verdadera gloria reside en continuar hacia el final hasta que está completamente concluida.

Sir Francis Drake

Es un período muy favorable para usted. Sin duda, en períodos como el actual los sueños pueden convertirse en realidad. Apunte alto pues nada puede detenerlo. Las condiciones son tales que todos los movimientos que haga le acercarán a un éxito seguro. Tendrá muy buena suerte; nada puede impedirlo. No existe motivo alguno para el nerviosismo. Los cimientos del éxito están firmemente consolidados. Lo único que necesita es conservar la cabeza. Siga avanzando con firmeza, paso a paso. Tenga confianza en sí mismo y en sus capacidades. Tiene razones sobradas para ser positivo y optimista. Si tropieza con algún obstáculo en el camino, podrá sortearlo con toda tranquilidad. Florecerán relaciones. No dude en acercarse a la gente que tiene la autoridad e influencia suficiente para ayudarlo. Puede usted estar seguro de conseguir todo el apoyo que precisa. Sus esfuerzos serán reconocidos. Le ha llegado el momento de brillar bajo los focos.

Una oportunidad para el crecimiento personal

Hágase el firme propósito de sacar lo mejor de sí mismo; no se conforme con menos. Decida lo que tiene más valor para usted. Piense muy bien el rumbo que quiere dar a su vida. Una vez tenga claras las prioridades, asegúrese de ponerlas en práctica en la vida cotidiana; base en ellas las decisiones de cada día, sean pequeñas o grandes. Todas las elecciones que hace en su vida diaria y ordinaria pueden ser un paso que lo acerque a la meta. Es cuestión de adquirir autodisciplina. Grandes logros derivan siempre del avance continuo y constante.

Otros aspectos de la situación

UN SEIS AL INICIO

Su determinación a triunfar cuenta con el reconocimiento de las personas que tienen influencia para apoyar su causa. La confianza que tienen en su capacidad lo ayudará a alcanzar la meta.

UN NUEVE EN EL SEGUNDO LUGAR

No se encuentra en una posición segura. Sus recursos son limitados. Pero si quiere sinceramente colaborar, encontrará una respuesta favorable. Su sinceridad impresionará a los demás.

UN NUEVE EN EL TERCER LUGAR

Avanza usted sin esfuerzo alguno. Nada le obstaculiza el camino. Todo resulta tan fácil que bien pudiera usted abrigar algún temor. Pero no tiene que preocuparse por nada siempre que continúe actuando de buena fe. Siga por el camino que ha tomado.

UN SEIS EN EL CUARTO LUGAR

La situación es en extremo favorable. Se encuentra ahora en posición de lograr sus metas.

UN SEIS EN EL QUINTO LUGAR

Como resultado de su firme y constante avance, está usted en el camino de conseguir su objetivo. No caiga en la tentación de tomar un atajo. El éxito definitivo derivará de un avance lento. Ponga atención en los detalles.

UN SEIS EN EL LUGAR SUPERIOR

Sea perspicaz. No dé ni un paso sin reflexionar. Evite obrar por impulso. ¿Necesita llevar las cosas más lejos en estos momentos? ¿Se está engañando a sí mismo? Sopese la situación cuidadosamente. De otro modo, se arriesga a perder lo que ha ganado.

47

La Desazón

```
═══   ═══
═══   ═══
═══════════
═══════════
═══════════
═══   ═══
```

Cuando hondos pesares hieren el corazón,
y tristes nostalgias oprimen el espíritu...

Canción para laúd, ANÓNIMO

Está usted preso en una situación opresiva que está fuera de su control.
Parece que la vida conspira contra usted. No puede hacer nada para mejorar
las cosas. La situación cambiará a su debido tiempo. Entretanto, no desperdicie ni energía ni recursos intentando luchar contra corriente. Repliéguese
y aguarde. En estos momentos, no es cuestión de intentar influir en los demás; sus palabras caerían en saco roto. Entre unas cosas y otras, quizás está a
punto de perder la paciencia. Sin embargo, sólo puede hacer una cosa: aferrarse a la fe que tiene en sí mismo. Nada puede destruirla si usted no lo permite. Debe usted perseverar en sus deseos de triunfo. Con fuerza interior,
puede superar este período y salir ganando.

Una oportunidad para el crecimiento personal

Debe usted recurrir a toda su determinación y fuerza de voluntad. No se deje arrastrar por las circunstancias ni se refocile en la autocompasión. La vida no siempre es hermosa. Sin embargo, la función debe proseguir. Si se deja llevar por la depresión, acabará usted perdiendo. Oblíguese a pensar de forma positiva. Combata pensamientos y sentimientos negativos con uñas y dientes. Cualquiera puede ser optimista cuando las cosas le van bien; pero cuesta un considerable esfuerzo conservar el optimismo en tiempos difíciles como los actuales. Si lo logra, conseguirá enormes beneficios en lo que respecta a energía interior y autoconfianza.

Otros aspectos de la situación

UN SEIS AL INICIO

Los asuntos han llegado a un punto muy bajo. No puede ver luz al final del túnel. Abandonarse a los temores y a las dudas lo hará sentir aun peor y lo encerrará en un círculo vicioso de pesimismo. Niéguese a considerarse una víctima de las circunstancias.

UN NUEVE EN EL SEGUNDO LUGAR

Aparentemente, no hay problema alguno. Tiene usted lo que necesita. Sin embargo, está preocupado o inexplicablemente deprimido. La vida le parece banal, sin sentido. Seguramente, se ha convertido usted en una persona demasiado indulgente consigo misma o ha hecho demasiadas concesiones para sentirse cómodo. Pero encontrará ayuda con tal de que esté dispuesto a servir a los demás. Comprometerse en algo que nada tenga que ver con sus intereses personales le devolverá el entusiasmo por la vida.

UN SEIS EN EL TERCER LUGAR

Necesita aclarar sus prioridades. Toma usted primero una dirección, luego otra y busca apoyo en donde no debe. Su impaciencia e indecisión le impiden ver lo que tiene ante los ojos y, en consecuencia, hace montañas de un granito de arena. Tranquilícese y ponga las cosas en su sitio.

UN NUEVE EN EL CUARTO LUGAR

Sus intenciones son buenas. Sin embargo, la duda le impide obrar con decisión; por eso le resulta más cómodo abandonar antes de empezar. Esta actitud es una fuente de desconcierto. Pero si persevera en conseguir su objetivo, lo logrará.

UN NUEVE EN EL QUINTO LUGAR

Su posición es frustrante. Tiene inmejorables intenciones y la capacidad para llevarlas a término pero no puede conseguir la ayuda necesaria. La gente no comprende sus motivaciones. Tenga calma y paciencia. Poco a poco la situación irá mejorando.

UN SEIS EN EL LUGAR SUPERIOR

Las dificultades están llegando a su fin. Puede liberarse fácilmente de lo que le ha estado refrenando. Deje el pasado atrás. Nada obstaculiza su camino excepto sus propias actitudes. No permita que las negativas experiencias de ayer le impidan encarar el presente con confianza o mirar hacia el futuro con optimismo.

48

El Pozo de Agua

━━━ ━━━
━━━ ━━━
━━━ ━━━
━━━━━━━
━━━ ━━━

Se exige al hombre que haga de sí mismo lo que se supone
necesita para cumplir su destino.

PAUL TILLICH

Para enfrentarse con éxito a esta situación, debe usted llegar al fondo de
las cosas. Si juzga por las apariencias o por lo que dicen los otros, errará el
blanco. Concéntrese en lo esencial. Piense las cosas con detenimiento. No
dé nada por sentado. Si desea encontrar la verdad, debe mirar debajo de la
superficie. No haga juicios precipitados. Guíese por lo que de corazón considera justo. No mire el mundo exterior para resolver problemas que son suyos.
Las respuestas están en el corazón. Si quiere hallarlas, evite ser condicio-
nado por lo que es superficial y trivial. Sea sincero consigo mismo en todas
las circunstancias. Coopere con los demás y sea solidario en sus relaciones.
Su buena voluntad se verá recompensada.

Una oportunidad para el crecimiento personal

Se vislumbra claramente un período de desarrollo personal. El símbolo antiguo de este hexagrama es un pozo. Por tanto, es cuestión de sondear las aguas de la vida que residen en lo más profundo del corazón. En todas partes las personas comparten las mismas necesidades espirituales y emocionales de amor, apoyo e inspiración. Son los valores básicos del ser humano. Tener agua cristalina en su pozo significa demostrar esos valores en su actitud con los demás. Obrar de una forma realmente humana significa aceptar a los demás sin prejuicios y tratarlos como compañeros de viaje en el sendero de la vida. Pregúntese a sí mismo cómo puede ayudar en esta situación. Deje a un lado los intereses puramente egoístas. Honre usted a su condición humana y a cuantos lo rodean. Todos saldrán beneficiados.

Otros aspectos de la situación

UN SEIS AL INICIO

Está usted descuidando por completo su desarrollo como persona. La vida es todo lo que posee y, sin embargo, la está tirando por la borda. Si no siente respeto por sí mismo, no puede aspirar a que los demás lo sientan. Es hora de que se decida a hacer algo por sí mismo.

UN NUEVE EN EL SEGUNDO LUGAR

Como no se toma en serio la vida, está desperdiciando el tiempo en trivialidades. Si no desarrolla sus capacidades, se oxidarán como la maquinaria vieja. Entonces serán de poca ayuda para los demás. Comience por darse cuenta de su valía.

UN NUEVE EN EL TERCER LUGAR

Aunque tiene mucho que ofrecer, no saca partido de sus capacidades, cosa que perjudica a todos los implicados. Si se reconociera su valía, todos saldrían beneficiados.

UN SEIS EN EL CUARTO LUGAR

Debe poner su vida en orden. Tómese tiempo para considerar sus prioridades, para adquirir quizá nuevas cualidades y afanarse por su desarrollo per-

161

sonal. Esto significa que por ahora no puede tomar parte activa en la situación, ni tampoco puede lograr sus metas. Pero si hace ahora un alto en el camino, se proveerá de lo necesario para encarar la vida de la forma más efectiva a largo plazo.

UN NUEVE EN EL QUINTO LUGAR

Tiene usted el potencial necesario para ser la fuente de fuerza y sabiduría en que los otros pueden beber. Lo esencial es asegurarse de que sus capacidades son utilizadas.

UN SEIS EN EL LUGAR SUPERIOR

Como es usted generoso y de espíritu abierto, es una fuente inagotable de fuerza para quienes lo tratan. Su punto de vista humano le acarreará enorme fortuna.

49

La Revolución

Y ningún hombre pone el vino nuevo en botellas viejas; pues el vino
nuevo reventará las botellas y se estropeará y las botellas no servirán
para nada. Por el contrario, el vino nuevo debe ser puesto
en botellas nuevas, y ni al uno ni a las otras les pasará nada.

Lucas 5

Se evidencia un cambio drástico. No hay sitio en su vida para algo que está
caducado y/o no le sirve ya de nada. Es cuestión de hacer borrón y cuenta
nueva. No dude en llevar a cabo cambios importantes en su modo de vida y en
su entorno, que reflejen quién es usted ahora y no quién era antes. Pero debe
proceder con cautela. Los cambios radicales serán destructivos a menos que se
lleven a cabo de la forma apropiada y en el momento oportuno. Piense las cosas cuidadosamente. Como muchos aspectos de su vida serán transformados,
hay en juego implicaciones trascendentales no sólo para usted sino para otras
personas implicadas. Debe usted contar con su apoyo. Discuta en detalle las
cuestiones y disipe las dudas y temores que puedan abrigar. Si emprende los
cambios de la manera correcta, el resultado será muy positivo.

Una oportunidad para el crecimiento personal

No se sorprenda si está experimentando un profundo cambio en su forma de pensar y de sentir. Quizás está usted poniendo en duda ideas antiguas que hasta ahora daba por sentadas. Quizá las creencias que tenía en el pasado han dejado de ser válidas en estos momentos de su vida. Como se está cuestionando lo que es realmente valioso para usted, sus actitudes y expectativas podrían cambiar de forma drástica. Es como si se estuviera desprendiendo de una piel vieja para revelar quién es usted realmente. Es un proceso muy emocionante pero que a la vez puede hacer peligrar su seguridad. No se preocupe. Si tiene el coraje de vivir la vida de forma más intensa, saldrá ganando pues se sentirá más seguro de sí mismo.

Otros aspectos de la situación

UN NUEVE AL INICIO
No sabe con seguridad si es el momento oportuno de actuar. Espere a que sea obvio que no queda otra alternativa.

UN SEIS EN EL SEGUNDO LUGAR
Es necesario un cambio y es el momento de emprenderlo. Haga sus planes, piense las cosas bien y tenga muy claro en su mente lo que desea conseguir. Como las condiciones podrían cambiar radicalmente, debe sentirse plenamente preparado para la nueva situación. Tomar ahora la iniciativa le traerá buena suerte.

UN NUEVE EN EL TERCER LUGAR
No se precipite; el momento de actuar no ha llegado aún. Espere a que sea evidente que es esencial un cambio. Incluso en ese momento, empréndalo sólo si ha sopesado muy bien lo que significa para las personas implicadas. Debe usted contar con el apoyo de todas ellas.

UN NUEVE EN EL CUARTO LUGAR
Un cambio radical anunciará una nueva era. Todo irá bien con tal de que sus motivaciones para obrar sean correctas. El cambio no debe ser emprendido sólo por cuenta propia o por motivos egoístas. Los demás sólo acepta-

rán las nuevas condiciones si ven que lo que está usted haciendo es justo y razonable. Asegúrese de que su yo más íntimo está preparado para la nueva situación.

UN NUEVE EN EL QUINTO LUGAR

Las condiciones son inmejorables para que emprenda transformaciones fundamentales. Sabe usted intuitivamente lo que debe hacer. Lo tiene tan claro que ni siquiera necesita consultar al *I Ching*. Como los demás reconocen que está en lo cierto, confían en usted y apoyan todas sus acciones.

UN SEIS EN EL LUGAR SUPERIOR

Ha ido usted todo lo lejos que podía en lo que se refiere a llevar a cabo un cambio radical. Confórmese con lo que ha conseguido. No intente forzar más la situación. Limítese a perfeccionar los detalles para consolidar su posición. Dé solamente los pasos necesarios para asegurarse de que las nuevas condiciones perdurarán.

50

El Caldero

━━━━━━━━
━━ ━━
━━━━━━━━
━━━━━━━━
━━ ━━

Sólo hay un verdadero pecado: persuadirse a uno mismo de que el segundo lugar es cualquier cosa menos el segundo lugar.

El cuaderno dorado, DORIS LESSING

Saque todo el provecho de sus dones naturales. Aproveche sus aptitudes; si las pone al servicio del prójimo, puede contribuir notablemente a mejorar la situación. Cumpla con sus responsabilidades lo mejor que sepa. No sea materialista en sus objetivos y perspectivas. Se vislumbra un éxito enorme pero no como resultado de perseguir la riqueza y la posición social. Deje a un lado sus intereses personales en favor de valores más espirituales, como la bondad y la generosidad, y procure basar en ellos sus acciones. Sea sensible a las necesidades de quienes lo rodean. Haga lo que pueda por ser útil. Puede usted ser fuente de inspiración y fuerza para los demás. Como tiene mucho que ofrecer, la gente reconocerá su valía y todos saldrán beneficiados.

Una oportunidad para el crecimiento personal

El antiguo símbolo de este hexagrama era un caldero, una vasija sagrada en la que se guardaba la comida para ofrendas especiales. ¿Qué significado tiene para usted? Su actual situación contiene todos los ingredientes «crudos» o potenciales de los que puede emerger algo muy valioso. Depende de usted «cocinarlos» de forma apropiada. El primer paso es aceptar las actuales condiciones con entusiasmo. No pierda el tiempo corriendo tras otras cosas. Concéntrese en lo que está sucediendo aquí y ahora. Aproveche cualquier oportunidad que se le presente para desarrollar y demostrar sus capacidades. Esté abierto a cualquier posibilidad. Lo que intente evitar u obviar permanecerá «sin cocinar» y no servirá de nada a nadie. Pero sus esfuerzos por sacar algo especial de la situación se verán recompensados.

Otros aspectos de la situación

UN SEIS AL INICIO
Aunque le falta experiencia o se siente incapaz, puede, de hecho, desempeñar un gran papel. Pero debe tener una mentalidad abierta y estar dispuesto a aprender. Esto significa dejar a un lado ideas preconcebidas acerca de lo que es posible e imposible.

UN NUEVE EN EL SEGUNDO LUGAR
Determinadas personas pueden envidiar la buena suerte de que disfruta usted. No se preocupe por ello. La envidia no puede dañarlo. Nadie puede arrebatarle lo que en justicia le pertenece.

UN NUEVE EN EL TERCER LUGAR
Por el momento, los demás no reconocen el valor de lo que usted tiene para ofrecer. Sus posibilidades, por tanto, no son aprovechadas; se desperdician así valiosos recursos. Pero no se desanime. Confíe en sí mismo. A su debido tiempo, la situación cambiará y todo le saldrá bien.

UN NUEVE EN EL CUARTO LUGAR
No es usted realista en lo que respecta a lo que puede conseguir. Como le

falta criterio y sentido de la perspectiva, sueña usted con metas inalcanzables. Entretanto, desperdicia las posibilidades que realmente se le ofrecen.

UN SEIS EN EL QUINTO LUGAR

Una actitud equilibrada lo capacitará para dominar la situación. Si hace lo que debe como es debido, todo encajará. Siga mostrándose modesto y accesible y se atraerá a las personas que pueden ayudarlo a progresar.

UN NUEVE EN EL LUGAR SUPERIOR

Tiene usted buen corazón. Como actúa por motivos altruistas, tiene mucho que ofrecer. Su cooperación favorecerá a todas las personas implicadas. Todos sus esfuerzos llegarán a buen término.

51

Lo Suscitativo

▬▬　▬▬
▬▬▬▬▬▬
▬▬　▬▬
▬▬▬▬▬▬
▬▬　▬▬
▬▬　▬▬

Cuando no se toma conciencia de una situación interior,
sale a la luz como si fuera cosa del destino.

C. G. JUNG

Un inesperado giro en los acontecimientos lo ha impresionado profundamente. Si no está preparado, reaccionará con miedo, posiblemente con pá-
nico. Pero una vez se haya recuperado de la impresión inicial, verá que todo
ha sucedido para bien. Intente conservar la calma. Podrá salir de esta situación. Quizás haya usted tomado un camino equivocado en algún asunto. Si
es así, este sobresalto le proporcionará la oportunidad de cambiar el rumbo.
A lo mejor, ha estado usted soportando un peso excesivo en algún aspecto de
su vida; puede ser que el susto lo libre de él. De este modo, podrá relajarse y
adoptar una perspectiva más optimista de las cosas. Como se abren nuevas
posibilidades, su situación comenzará a tomar un rumbo mejor y emergerá
usted de ella más fuerte, más sabio y más feliz.

Una oportunidad para el crecimiento personal

En su psique se han puesto en marcha fuerzas que no controla; pertenecen a lo más profundo y sabio de su yo. A veces es esencial cambiar un aspecto de la vida; sobre todo en el caso de encontrarse en una situación equivocada o estancada. Si se resiste usted al cambio, su sabiduría subconsciente podría darle un empujón causando cierto trastorno en su vida. El *shock* que ha experimentado quizá sea una forma de forzarlo a un cambio necesario. Pregúntese qué puede aprender de él. ¿Necesita usted cambiar de actitud hacia alguien o algo? Si está dispuesto a aceptar el desafío, el *shock* le habrá servido para algo. La vida, al fin y al cabo, nunca es del todo predecible. Si conserva la calma frente a la sacudida y responde de forma creativa, su confianza en sí mismo logrará maravillas.

Otros aspectos de la situación

UN NUEVE AL INICIO
Está usted fuertemente impresionado por lo sucedido y quizá mira el futuro con aprensión. Pero lo que aparentemente es mala suerte en realidad es el disfraz de una auténtica bendición. Al final, se encontrará usted en una posición mucho mejor.

UN SEIS EN EL SEGUNDO LUGAR
Por ahora no puede usted evitar la debacle. En consecuencia, intentar luchar no tendría sentido. Acepte sus pérdidas sin tratar de recuperarlas por ahora. A su debido tiempo se resarcirá.

UN SEIS EN EL TERCER LUGAR
No se aterrorice ante un trastorno imprevisto. Si es capaz de conservar la calma y el sosiego, verá que se le ofrecen opciones positivas.

UN NUEVE EN EL CUARTO LUGAR
Una impresión lo ha desequilibrado de tal modo que se siente incapaz de acción alguna. Si quiere efectuar algún progreso, debe hacer acopio de talento y reflexión. Necesita descubrir lo que puede aprender de este giro impensado de los acontecimientos. De otro modo, la situación se estancará.

UN SEIS EN EL QUINTO LUGAR

Parece que la vida le está dando una bofetada tras otra. Resístase a considerarse una desgraciada víctima de las circunstancias. Permanezca frío, tranquilo y cauteloso. Persevere en sus objetivos. Haga lo que pueda con los recursos a su alcance. De hecho, al final, no saldrá perdiendo.

UN SEIS EN EL LUGAR SUPERIOR

Los desastrosos acontecimientos han causado una agitación considerable. Debe tomar distancia y mantener la calma. No permita que le afecte el miedo de los demás. Siga su camino. Esto puede ser objeto de críticas y habladurías; pero usted debe hacer lo que mejor sirva a sus intereses.

52

El Aquietamiento

≡≡
≡≡
≡≡

Estáis aquí sólo para una breve visita. No os apresuréis
y disfrutad del aroma de las flores que encontráis a lo largo del camino.

WALTER C. HAGEN

La cuestión más urgente para usted en estos momentos es encontrar la paz de espíritu. Ha llegado al límite de sus posibilidades. Ahora debe detenerse y reflexionar. No conseguirá nada preocupándose por sus problemas, objetivos, logros o cualquier otra de sus inquietudes actuales. El nerviosismo no es una buena base para tomar decisiones. En cambio, una actitud tranquila y centrada le posibilitará conectar con los niveles más profundos de su yo. En ese estado de ánimo, intuitivamente elegirá de forma correcta y sabrá qué acción es la más apropiada para cada situación. Así pues, concéntrese en el aquí y ahora. No se explaye en el pasado. El ayer pasó y no se puede recuperar. El mañana está todavía por llegar y obsesionarse con él no va a cambiarlo. Lo que importa es anclarse firmemente en el hoy respondiendo a cada una de las situaciones a medida que se presentan.

Una oportunidad para el crecimiento personal

El antiguo símbolo de este hexagrama es la montaña, la auténtica esencia de la quietud. Su significado es que estar verdaderamente tranquilo consiste en estar sólidamente varado en el momento presente. Todos tenemos en nuestro yo más profundo un innato «conocedor» que podemos considerar como guía. Pero la vida diaria está llena de distracciones que nos impiden estar en contacto con esta sabiduría natural. Para tener acceso a ella, se necesita un estado mental relajado y tranquilo, que desde siempre se ha considerado muy difícil de alcanzar. La meditación, el yoga y también las artes marciales son métodos clásicos que ayudan a aislarse del mundo exterior y a concentrarse en uno mismo. Pero cualquier cosa que lo pueda ayudar a experimentar paz interior, con una práctica regular, le resultará muy beneficiosa. Cuanto más tranquilo esté, más fuerte y más seguro se sentirá.

Otros aspectos de la situación

UN SEIS AL INICIO

La situación está empezando a despejarse. Si en este momento abriga dudas sobre qué hacer, no haga nada. Antes de llevar a cabo cualquier iniciativa, necesita estar muy seguro de la dirección que debe tomar. Todo saldrá bien con tal de que sus motivaciones sean desinteresadas.

UN SEIS EN EL SEGUNDO LUGAR

Ha tomado usted un rumbo equivocado. En lugar de tomar sus propias decisiones, está ajustándose a los deseos de alguien. Este desgraciado estado de cosas no lo llevará al éxito. No puede usted impedir que alguien tome un camino evidentemente erróneo, pero sí depende de usted no seguirlo. Sea sincero consigo mismo.

UN NUEVE EN EL TERCER LUGAR

No intente llevar nada a término antes de tiempo. Puede que se sienta usted frustrado por la aparente involución. Familiarícese con esa sensación pero no permita que controle su comportamiento. Las acciones emprendidas con inseguridad y precipitación están condenadas al desastre. En su propio beneficio, cálmese y relájese.

173

UN SEIS EN EL CUARTO LUGAR

No sea impulsivo. Es esencial mantenerse frío, tranquilo y sosegado. Pueden aparecer dudas y temores. No tome iniciativa alguna en ese estado. Aguarde a que su mente se serene antes de tomar decisiones. La meditación es un excelente antídoto a los pensamientos negativos, del mismo modo que cualquier actividad lo ayudará a desconectar.

UN SEIS EN EL QUINTO LUGAR

Elija cuidadosamente las palabras. Una vez pronunciadas, no puede borrarlas. Evite comentarios irreflexivos. Si desea que lo que dice sea efectivo, asegúrese de pensar antes de hablar. De este modo, no tendrá motivos para lamentar lo que ha dicho.

UN NUEVE EN EL LUGAR SUPERIOR

Si posee usted estabilidad emocional y paz de espíritu, nada puede desequilibrarlo. Su dominio de sí mismo le traerá buena suerte y le será de gran ayuda en cualquier cosa que emprenda. Concéntrese en sí mismo.

53

La Evolución

‾‾‾‾‾‾‾
‾‾‾ ‾‾‾
‾‾‾‾‾‾‾
‾‾‾‾‾‾‾
‾‾‾ ‾‾‾
‾‾‾‾‾‾‾

Si nos casamos deprisa, quizá nos arrepintamos despacio.

WILLIAM CONGREVE

La paciencia es la clave de este hexagrama. Se le aconseja no precipitarse o apresurarse. La situación es comparable al tradicional período de noviazgo antes del matrimonio. En otras palabras, hay que dejar que los acontecimientos sigan su curso. Esto lo capacitará para poner los cimientos necesarios para un éxito a largo plazo y duradero. Si ansía resultados inmediatos, quizá consiga algo a corto plazo pero, seguramente, no a largo. No trate de manipular la situación para que se acople a sus fines. Confíe en que los asuntos se desarrollarán a su ritmo y al final redundarán en su beneficio. Además, dejar que las cosas sigan su curso no significa que no pueda usted ejercer alguna influencia. Si es amable, considerado y adaptable, influirá positivamente en todas las personas implicadas. Esto ayudará a crear condiciones inmejorables para seguir adelante.

Una oportunidad para el crecimiento personal

El ritmo lento de la situación puede resultar frustrante. No caiga en la tentación de forzar las cosas. Permanezca tranquilo y centrado. No pierda de vista su objetivo ni permita que las circunstancias perturben su equilibrio. Sin caer en la agresividad, defienda lo que crea justo. Una actitud amable pero firme le procurará respeto y una favorable respuesta. Uno de los símbolos de este hexagrama en el texto original es el pato salvaje. Estas aves migran según el curso de las estaciones y se cree que se aparean de por vida. Por tanto, simbolizan la fidelidad y la estabilidad. Son precisamente éstas las cualidades que la actual situación exige de usted. Las formas tradicionales de llevar a cabo las cosas son las más apropiadas en estos momentos.

Otros aspectos de la situación

UN SEIS AL INICIO
Como la mejor forma de acción no está todavía clara, desconfía usted de su capacidad para encarar esta situación. Cualquier intento de seguir adelante tropieza con críticas. Sin embargo, estas dificultades le son útiles pues le impiden precipitarse. Si es cauteloso, tiene asegurado el éxito a largo plazo.

UN SEIS EN EL SEGUNDO LUGAR
Está usted ahora en una posición más segura y puede sentirse relajado y optimista. Compartir su suerte con los demás aumenta su disfrute personal.

UN NUEVE EN EL TERCER LUGAR
Tenga paciencia. De otro modo, será el único responsable de hacer algo que lamentará. Para no crearse problemas ni creárselos a los demás, debe poner en práctica el autocontrol. Sería muy imprudente meterse en líos. Deje que la situación siga su curso. Si se ve obligado a implicarse, haga sólo lo absolutamente preciso para proteger su propia posición.

UN SEIS EN EL CUARTO LUGAR
La situación, aunque relativamente estable, no parece favorecerle demasiado. Por suerte, es un estado temporal y mejorará. Entretanto, conserve la calma y acepte con filosofía su posición actual.

UN NUEVE EN EL QUINTO LUGAR

Determinadas personas pueden envidiar el alcance de sus progresos. El consecuente malentendido crea barreras entre usted y los demás, haciéndole sentirse aislado. Tenga paciencia. A su debido tiempo, todas las dificultades se resolverán a su entera satisfacción.

UN NUEVE EN EL LUGAR SUPERIOR

Como resultado de un avance gradual y constante, ha conseguido usted algo de mucho valor. Ahora se encuentra en situación de ayudar a otros que se sienten animados por su ejemplo.

54

La Muchacha que se Casa

No estoy seguro de nada, excepto de que los afectos del corazón
son sacrosantos y la imaginación, veraz.

KEATS

Pese a la colaboración que está prestando a la situación, su valor como individuo no está siendo reconocido. No puede usted hacer nada por influir en los asuntos. Si intenta ser enérgico, no encontrará respuesta. Haga cuanto esté en su mano para adaptarse a las circunstancias sin esperar demasiado. Dedíquese discretamente a sus asuntos y no se meta en líos. Aunque se encuentra usted en una posición subordinada, puede sin embargo conducirse con dignidad. Acepte la realidad de la situación y haga lo necesario sin resentimiento. Si se ve obligado a hacer alguna elección, tenga cuidado. No se deje manipular por los demás. Si su pregunta se refiere a alguna relación, es muy importante que no intente controlar la situación. No olvide que desear poseer a alguien de forma exclusiva no es lo mismo que amarlo. Es una actitud que a la larga no engendra felicidad.

Una oportunidad para el crecimiento personal

Si se plantea las cosas a largo plazo, no perderá el sentido de la perspectiva. Evite que los desacuerdos minen una relación. Forman parte, simplemente, de un proceso natural y pasarán si no les concede excesiva importancia. No caiga en el orgullo o los celos. Responsabilícese de la atmósfera que crea. Obtendrá mejores resultados siendo afectuoso y cariñoso que insistiendo en lo que cree sus derechos. No censure ni se queje. Sea discreto y amable. Si depende menos de los demás, adquirirá libertad interior y una mayor estima de su propia valía.

Otros aspectos de la situación

UN NUEVE AL INICIO
Como los condicionamientos están fuera de su control, ejerce usted una limitada influencia. Saque el máximo partido de ella mostrándose solidario y afectuoso. Evite la menor señal de agresión.

UN NUEVE EN EL SEGUNDO LUGAR
Los asuntos no han evolucionado como esperaba. Procure que la decepción no lo amargue ni lo atormente. Tenga fe en sí mismo y persevere en su compromiso con lo que cree que es verdad.

UN SEIS EN EL TERCER LUGAR
Conseguir lo que quiere significa transigir. Esto tendría un efecto desastroso en su autoestima. Tenga paciencia y espere una ocasión mejor.

UN NUEVE EN EL CUARTO LUGAR
Hace bien en rechazar oportunidades que no considera convenientes para usted. A los demás, puede parecerles que se está usted quedando atrás, pero debe ser fiel a sí mismo. A su debido tiempo, cosechará la recompensa de su reticencia a comprometerse por ahora.

UN SEIS EN EL QUINTO LUGAR
Por muy hábil que sea o por muy sólida que sea su posición, manténgase al margen. No llame la atención ni intente controlar la situación. Piense sólo

en cómo puede servir de más ayuda. No caiga en la tentación de competir con los demás para demostrarles lo maravilloso que es.

UN SEIS EN EL LUGAR SUPERIOR

Sin un compromiso sincero con lo que se trae entre manos, no triunfará. Si se limita a obrar por pura fórmula, está perdiendo el tiempo y la energía. En el campo de las relaciones, procure no ser celoso ni posesivo.

55

La Plenitud

```
━━  ━━
━━  ━━
━━━━━━
━━━━━━
━━  ━━
━━━━━━
```

Mi copa rebosa.

Salmo 23

Las condiciones son tales que puede usted realizar su potencial y alcanzar sus metas. Florecerán relaciones y proyectos. El éxito está asegurado. Sea receptivo y generoso. La vida seguirá siendo pródiga con usted en la medida en que lo sea usted con el prójimo. Sólo si usted flaquea, el torrente de la abundancia del que disfruta comenzará a secarse. Dé por el placer de dar y no para obtener algo a cambio. Un corazón sinceramente afectuoso y generoso se ve siempre recompensado. Compartir con los demás tendrá un estimulante efecto sobre su vida; en cambio, la mezquindad de espíritu agotará sus energías. Aproveche las circunstancias favorables para resolver problemas pendientes. Examine cuidadosa y objetivamente los hechos antes de tomar la iniciativa adecuada. Si hay problemas que saldar en una relación, sea comprensivo pero firme.

Una oportunidad para el crecimiento personal

Piense en lo mucho que posee. Evite que el goce del presente se vea empañado por la preocupación respecto al futuro. Es cierto que nada perdura eternamente; pero el mejor seguro frente a futuros problemas es hacer acopio de la fuerza de la que goza ahora. Su actitud ejerce una influencia enorme en los demás. No se preocupe por pérdidas o ganancias futuras. Viva a fondo el aquí y ahora. Inquietarse por lo que aún no ha sucedido sólo le servirá para debilitarse. Haga lo que considere justo. Confíe en su capacidad para hacer frente a cualquier cosa que le depare el futuro. No permita que dudas y temores vagos minen su confianza.

Otros aspectos de la situación

UN NUEVE AL INICIO
Ha tropezado usted con un alma gemela, posiblemente por casualidad. Sería ventajoso para ambos trabajar juntos en un objetivo específico.

UN SEIS EN EL SEGUNDO LUGAR
Pese a sus obvias capacidades, no puede avanzar. Las circunstancias son tales que los demás sienten antipatía o desconfían de usted. No intente forzar la cuestión. Sea paciente y sincero. Tenga fe en sí mismo. Al final, su influencia se dejará notar. Personas de peso se darán cuenta de su valía.

UN NUEVE EN EL TERCER LUGAR
Aunque se siente muy capaz, le resulta imposible conseguir lo que le gustaría. Sin culpa alguna por su parte, no puede llevar a cabo una acción efectiva. Tenga paciencia. A su debido tiempo la situación cambiará.

UN NUEVE EN EL CUARTO LUGAR
Es imposible avanzar. Ahora se le presenta la ocasión de conectar con quienes pueden ayudarlo a seguir adelante. Una iniciativa entusiástica unida a una decisión firme producirá un resultado muy positivo.

UN SEIS EN EL QUINTO LUGAR
Le brindan un excelente consejo. Sea humilde y acepte de buen grado la

ayuda que precisa. El resultado final será en extremo positivo y beneficiará a todos los implicados.

UN SEIS EN EL LUGAR SUPERIOR

Procure no obsesionarse hasta el punto de no querer compartir su suerte con los demás. Evite ser arrogante y olvidar a quienes le han apoyado. Si persiste en querer guardar todo para usted, se encontrará totalmente aislado.

56

El Andariego

≡≡
≡ ≡
≡≡
≡ ≡

Si un hombre es afable y cortés con los extranjeros,
demuestra ser ciudadano del mundo.

FRANCIS BACON

La situación actual es pasajera. No se involucre demasiado. Esté preparado para un cambio. Evite comprometerse con una persona o una situación
en particular. Considere éste como un período en el que puede acumular información, ampliar horizontes y hacer descubrimientos respecto a sí mismo
y a los demás. Conserve la presencia de ánimo. Sea práctico y muéstrese dispuesto a adaptarse a cuantos cambios se produzcan. Cuando entable nuevas
relaciones, sea respetuoso pero también un tanto cauteloso y reservado al
principio. Asóciese sólo con aquellas personas cuyas motivaciones le parezcan fiables. No comprometa su autoestima esforzándose en ganar aceptación. Si es usted sincero y cortés, contará con el apoyo de las personas adecuadas. No olvide expresar su gratitud a todos los que le echen una mano;
cuando se le brinde la ocasión, correspóndalos debidamente.

Una oportunidad para el crecimiento personal

Está usted vagando sin mapa por territorio desconocido. Su viaje tiene por objeto explorar nuevas ideas y posibilidades, quizás incluso una nueva identidad. Estará a salvo en tanto respete determinadas reglas de juego. Cualquiera que sea la situación, considérela como una nueva experiencia. Sobre todo, tenga confianza en sí mismo. Como las circunstancias pueden cambiar en cualquier momento, no puede permitirse el lujo de depender demasiado de los demás. Esto significa que la verdadera seguridad reside en su interior. Por tanto, está usted abandonado a sus propios recursos. Esto le brinda la ocasión de desarrollar su capacidad para hacer frente a lo desconocido. Si es usted capaz de sentirse a gusto sin tener en cuenta las circunstancias, reaccionará de la forma más adecuada ante cualquier cosa que ocurra.

Otros aspectos de la situación

UN SEIS AL INICIO
No intente obtener aplausos rebajándose a sí mismo. Sólo conseguirá ganarse el desprecio y hacer el ridículo. Conserve la dignidad y la gente lo respetará. Evite malgastar energía y recursos en asuntos de poca monta.

UN SEIS EN EL SEGUNDO LUGAR
Si es usted humilde y reservado, la gente estará encantada de ayudarlo. Se sentirán atraídos por su discreta seguridad y autodominio.

UN NUEVE EN EL TERCER LUGAR

Guárdese de meterse en asuntos ajenos. No sea malhumorado ni arrogante. Si los demás encuentran su comportamiento ofensivo, podría perder su apoyo y destruir lo que ha conseguido hasta ahora.

UN NUEVE EN EL CUARTO LUGAR
Aunque ha logrado usted bastantes cosas, aún no ha alcanzado la meta. Le gustaría aferrarse a cuanto ha conseguido para asegurar su posición. Sin embargo, si ha de avanzar más, la situación cambiará forzosamente. La respuesta es actuar con lentitud y cautela.

UN SEIS EN EL QUINTO LUGAR

La tarea ha terminado. Ya no hay obstáculos en el camino. Aunque el viaje ha supuesto ciertas penalidades, ha aprovechado usted al máximo sus capacidades. Los demás han terminado por reconocer su valía. Ahora puede disfrutar de la nueva situación.

UN NUEVE EN EL LUGAR SUPERIOR

Si no procede con cautela, se arriesga a perder algo esencial para su seguridad. Valore lo que posee cuidándolo de forma adecuada. No sea egoísta. Tenga consideración con los demás y muéstrese dispuesto a adaptarse.

57

Lo Suave

‾‾‾‾‾‾‾   ‾‾‾‾‾‾‾
‾‾‾‾‾‾‾   ‾‾‾‾‾‾‾
‾‾‾‾‾‾‾‾‾‾‾‾‾‾‾‾‾
‾‾‾‾‾‾‾‾‾‾‾‾‾‾‾‾‾
‾‾‾‾‾‾‾   ‾‾‾‾‾‾‾

El viento suave se mueve de forma silenciosa, invisible.

WILLIAM BLAKE

Por ahora, sólo puede influir en la situación de forma sutil. Por tanto, debe tener muy claro lo que quiere; no pierda de vista ese objetivo. Por el momento, confórmese con permanecer entre bastidores, desde donde puede ejercer una suave pero firme influencia sobre la situación. Como se trata de un proceso muy lento, debe confiar en su capacidad para alcanzar la meta. Esté alerta a cualquier oportunidad que pueda ayudar a su causa. Como un árbol resiste al viento, debe usted encontrar una manera de adaptarse a las circunstancias en vez de luchar contra ellas. No sea agresivo ni intente hacerse con el control. La paciencia, la flexibilidad y la amplitud de espíritu lo ayudarán a aprovechar las circunstancias de la forma más inteligente.

Una oportunidad para el crecimiento personal

Ahora el desafío consiste en que tenga usted muy claro su propósito. El espíritu es inmensamente poderoso. Si tiene usted la firme intención de conseguir algo y canaliza todos sus recursos en esa dirección, tarde o temprano triunfará. Se abrirán puertas que le facilitarán el camino. Misteriosamente se presentarán por sí solas oportunidades de hacer progresos. Debe usted estar completamente decidido a comprometerse a largo plazo y debe tener la fuerza de ánimo necesaria para cumplir ese compromiso. Además, es esencial tener fe en lo que está haciendo. Si no está plenamente seguro de que su meta vale la pena, su irresolución actuará como una profecía que se cumple a sí misma.

Otros aspectos de la situación

UN SEIS AL INICIO
Debe usted utilizar la fuerza de voluntad. No permita que lo dominen y le hagan vacilar dudas y temores. Muéstrese firme. Tome una decisión y manténgala. Es cuestión de autodisciplina.

UN NUEVE EN EL SEGUNDO LUGAR
Hay en movimiento secretas influencias que actúan contra usted. Es preciso identificarlas. Una vez hayan salido a la luz del día y sean examinadas, perderán su poder. Desconfíe de sus propias motivaciones y de las de los demás. Busque hilos ocultos y ayúdese de ellos si es necesario.

UN NUEVE EN EL TERCER LUGAR
Hace bien en sopesar los pros y contras del asunto. Pero no pretenda conocer por anticipado todas las consecuencias de actuar de una forma determinada. Al final tendrá que tomar una decisión. Cuanto más se preocupe por los resultados, menos confianza tendrá respecto a la acción que debe seguir.

UN SEIS EN EL CUARTO LUGAR
Deje a un lado dudas y vacilaciones. Ha llegado el momento de entrar en acción. Tendrá enorme éxito en la consecución de lo que necesita.

188

UN NUEVE EN EL QUINTO LUGAR

Se vislumbra una mejoría. Piense cuidadosamente en lo que se propone hacer. Una vez se haya lanzado a un nuevo rumbo de acción, vigile de cerca cómo van las cosas. Déle tiempo al tiempo. Cuando vea que la situación mejora, puede estar seguro de que está en el camino correcto.

UN NUEVE EN EL LUGAR SUPERIOR

Ya ha ahondado bastante en los detalles de la situación. Si persiste en ello, no le quedará energía para tomar alguna medida al respecto. Decida lo mejor que pueda y póngase manos a la obra.

58

Lo Sereno, El Lago

Quien somete la alegría a su voluntad destruye las alas de la vida;
pero quien besa la alegría cuando vuela vive en el orto de la eternidad.

WILLIAM BLAKE

En la actual situación, es de vital importancia el libre flujo de la comunicación en un espíritu de buena voluntad. Sea optimista y constante. Otras personas pueden ayudarlo a conseguir su objetivo. Si se acerca a la gente en actitud amigable, obtendrá una respuesta positiva. Las discusiones deben
transcurrir en un ambiente que propicie la libertad de expresión. Si la gente
está segura de que sus puntos de vista serán escuchados, las ideas fluirán con
toda libertad. De este modo, la comunicación resulta agradable y estimulante
para todos. Usted puede aprender de los demás y los demás, de usted. Se pueden intentar nuevos métodos y se pueden generar pensamientos creativos.
Cuando las personas lo están pasando bien, los problemas comienzan a desvanecerse. Con el apoyo y el aliento de los demás, incluso las tareas más difíciles o desagradables parecerán menos problemáticas. Se anuncia un resultado
muy positivo.

Una oportunidad para el crecimiento personal

No puede usted perseguir la alegría. Cuanto más intente cogerla, más elusiva se mostrará. Correr tras ella le proporcionará, como mucho, momentos de placer que no durarán. Para ser feliz, no cuente ni con los demás ni con circunstancias determinadas. El exceso de dependencia respecto a algo que no sea usted mismo le creará angustia. Empujado por la sensación de inseguridad, quizás intente con todas sus fuerzas controlar todas las cosas y personas implicadas. Pero esta forma de vivir está abocada a la decepción. Sea fiel a sí mismo. Confíe en que posee en su interior cuanto necesita. Disfrute viviendo la vida como se presenta. Preocúpese más por dar que por recibir. Posee en su interior cualidades para inspirar y motivar al prójimo.

Otros aspectos de la situación

UN NUEVE AL INICIO
Acepte la vida tal como es. Para vivir a gusto no necesita usted mirar más allá de donde se encuentra. No exija demasiado de los demás. Convénzase de que, tal como es, tiene todo lo que necesita para ser feliz.

UN NUEVE EN EL SEGUNDO LUGAR
Sea sincero y fiel a sí mismo. No pierda el tiempo y la energía en actividades impropias de usted para convertirse en «uno más entre la multitud». El éxito será el resultado de valorarse a sí mismo como merece.

UN SEIS EN EL TERCER LUGAR
La verdad y la alegría duraderas nacen del espíritu. Si se lanza de cabeza a distracciones estúpidas, sin duda estará muy ocupado pero placeres tan vacíos no le satisfarán realmente. No se engañe a sí mismo con ambiciones vanas.

UN NUEVE EN EL CUARTO LUGAR
¿Dónde reside su felicidad? Su indecisión indica que todavía no sabe cuáles son sus auténticos valores. Si está buscando paz de espíritu, siga el camino que le proporcionará un beneficio duradero. La alternativa es abandonarse a placeres perecederos; pero a la larga no le proporcionarán alegría alguna.

UN NUEVE EN EL QUINTO LUGAR

Sería fácil depositar la confianza en gente sin escrúpulos; o a lo mejor está pensando en involucrarse en una situación poco clara. Sea prudente. Tenga mucho cuidado. Utilice todos los elementos de juicio para asegurarse de que no corre peligro ni se están aprovechando de usted.

UN SEIS EN EL LUGAR SUPERIOR

Si depende del mundo exterior para ser feliz, se verá arrastrado como pluma al viento. Procure no buscar la aprobación de los demás. No se deje llevar por las circunstancias. Mantenga su integridad. Si pierde el contacto consigo mismo, no se ganará el favor de la gente de bien.

59

La Disolución

```
━━━━━━━━━
━━━   ━━━
━━━━━━━━━
━━━   ━━━
━━━   ━━━
━━━   ━━━
```

Errar es humano; perdonar, divino.

ALEXANDER POPE

Ahora pueden salvarse los obstáculos que dificultan el avance, y clarificarse malentendidos e incertidumbres. Debe usted abordar cuestiones que le impiden la comunicación libre y sincera con los demás. Nada puede conseguirse hasta que se restaure la armonía. Si en su entorno existe alguna clase de antagonismo, debe proceder a la reconciliación. Hay que acabar con las facciones. Sea amable y discreto. Una actitud en exceso enérgica servirá sólo para reforzar las defensas de los demás. Tiene más probabilidades de triunfar si no pierde de vista la globalidad de la cuestión. La verdad es que su bienestar personal no puede separarse del de otras personas. El sufrimiento de un individuo afecta a cuantos se relacionan con él. En una perspectiva más amplia, todas las personas forman parte de la familia humana. No se engañe creyendo que no existe eso que se llama sociedad puesto que sólo importa el individuo. Ese punto de vista es muy miope e indica falta de conciencia espiritual.

Una oportunidad para el crecimiento personal

Antes de abordar obstáculos en su entorno exterior, debe primero estudiar los bloqueos emocionales que lo aíslan de los demás. Si abriga usted algún motivo de cólera o resentimiento, deje que aflore. Hay que iluminar las zonas de oscuridad y confusión. No alimente rencores pues obstaculizan el avance; en cambio, el perdón purifica el aire y alumbra el camino. Intente ser flexible y tenga en cuenta el punto de vista de los demás. Deje a un lado expectativas irreales que nadie —y mucho menos usted— podría llevar a cabo. Tenga piedad consigo mismo y con los demás. No permita que el egoísmo prevalezca sobre el amor.

Otros aspectos de la situación

UN SEIS AL INICIO

Está comenzando un conflicto. No deje que vaya a más. Actúe con rapidez para salvar las diferencias que han aparecido. La cuestión puede resolverse fácilmente al principio.

UN NUEVE EN EL SEGUNDO LUGAR

Evite que se desarrolle aun más la sensación de aislamiento respecto a los demás. Este insano estado de ánimo está dañando su bienestar general. Tiene que hacer algo para ayudarse a recuperar la buena voluntad y el sentido del humor. Podría lograrlo haciendo un esfuerzo por ayudar a alguien.

UN SEIS EN EL TERCER LUGAR

Intente dejar de pensar sólo en su propio interés. Procure bajar las defensas que lo hacen sentirse aislado. Su bienestar pasa ahora por trabajar en beneficio de todos. Eso implica dejar a un lado preocupaciones personales y egoístas. No lo lamentará.

UN SEIS EN EL CUARTO LUGAR

Debe superar intereses y prejuicios personales. Un éxito enorme será el resultado del empeño en trabajar por el bienestar común. Aunque esto quizá lo separe de su círculo más próximo, recibirá mucho apoyo.

194

UN NUEVE EN EL QUINTO LUGAR

Los asuntos están estancados. Tome la iniciativa para ayudar a poner las cosas en su sitio. Tiene usted la posibilidad de encontrar una salida. Se necesita un nuevo enfoque, con el que sacará el máximo provecho de su esfuerzo y de sus recursos.

UN NUEVE EN EL LUGAR SUPERIOR

Los asuntos están en crisis. Debe usted proteger tanto sus intereses como los de las personas que de usted dependen. Haga lo que tenga que hacer, incluso si eso significa abandonar la situación del todo.

60

La Restricción

≡≡

En la autolimitación un maestro revela su valía.

GOETHE

No adopte actitudes extremistas ni intente abarcar demasiado. En esta situación, debe usted determinar por sí mismo cuáles son sus limitaciones. Busque el término medio entre querer demasiado y conformarse con poco. Si tiene miedo de tomar la iniciativa, no podrá lograr nada. Pero si es en exceso ambicioso, podría caer de narices. Determine dónde residen sus responsabilidades y cúmplalas. No espere de sí mismo más de lo que sabe perfectamente que puede dar de sí. Y no exija de los demás más de lo que está dispuesto a dar. Cuide su forma de acercarse a la gente. No sea en exceso cordial ni caiga en el extremo de ser demasiado reservado. Vigile sus asuntos financieros. No sea derrochador ni tampoco tacaño.

Una oportunidad para el crecimiento personal

Quizá sueña usted con hacer demasiadas cosas. Pero la vida es corta para llevar a cabo cuanto le gustaría. Debe escoger una dirección de entre las posibilidades que se le presentan. Lo esencial es tener una meta que pueda hacerse realidad. De otro modo, sus sueños no pasarán jamás de meras fantasías. Sea realista. Determine lo que es capaz de hacer y hasta qué punto está dispuesto a intentarlo. De este modo, podrá marcarse objetivos alcanzables. Si intenta lograr lo imposible, sólo conseguirá extenuarse y perder la confianza. Limitándose a lo que es razonable puede adquirir experiencia y conocimientos nuevos; además, experimentará el placer de hacer algo realmente bien.

Otros aspectos de la situación

UN NUEVE AL INICIO
Le gustaría conseguir algo pero, por ahora, tropieza con muchos obstáculos. La manera de fortalecer su posición es no intentar seguir adelante. Manténgase dentro de los límites de lo que es posible.

UN NUEVE EN EL SEGUNDO LUGAR
Prepárese a actuar tan pronto como se presente la ocasión. No permita que dudas o angustias le impidan aprovechar la oportunidad. Recuerde que quien vacila está perdido.

UN SEIS EN EL TERCER LUGAR
Si no pone en práctica el autodominio, sólo podrá culparse a sí mismo de las consecuencias.

UN SEIS EN EL CUARTO LUGAR
Confórmese con adaptarse a las actuales condiciones. No malgaste energías intentando hacer más de lo que la situación permite. Una actitud flexible le procurará mucho éxito.

UN NUEVE EN EL QUINTO LUGAR
Aproveche los recursos a su alcance. Dé ejemplo aceptando de buen grado

las actuales limitaciones. No espere que los demás hagan lo que no está usted dispuesto a hacer.

UN SEIS EN EL LUGAR SUPERIOR

No sea demasiado duro consigo mismo o con los demás. Si tiene que ser extremadamente disciplinado durante un corto tiempo para llevar a cabo un cambio importante, hágalo. Pero no permita que este estado de cosas persista más de lo estrictamente necesario. El exceso de restricción desemboca en rebelión.

61

La Verdad Interior

＝＝
＝　＝
＝＝

Y sobre todo, esto: sé sincero contigo mismo y de ello se seguirá,
como la noche al día, que no puedas ser falso con nadie.

Hamlet, SHAKESPEARE

Para influir sobre la situación debe usted comprometerse con la verdad.
Incluso las personas más difíciles responderán a quien consideren genuina-
mente sincero. Pero para salir triunfante, debe encontrar la táctica adecuada.
Es cuestión de hallar un punto en común. En primer lugar, debe dejar a un
lado cualquier idea preconcebida. Muéstrese abierto y receptivo quienquiera
que sea la persona implicada. Parta de la base de que no sabe nada de los
otros y que por tanto le queda todo por aprender. De esta forma, será capaz
de saltar las barreras que lo separan y contemplar la vida desde la perspectiva
ajena. Una vez haya entendido lo que es esencial para el prójimo, sabrá cómo
establecer contacto. Si habla con el corazón en la mano, logrará hacer notar
su influencia. Si procede de este modo, manejará con éxito las situaciones
más difíciles.

Una oportunidad para el crecimiento personal

La única manera de originar un cambio duradero es ser fiel a uno mismo. A menos que se comporte honestamente consigo mismo, su vida estará vacía y carecerá de significado. Debe aprender a ser muy valiente. Prepárese a defender la verdad tanto en los buenos como en los malos tiempos. No adule a los demás ni intente impresionarlos o manipularlos. Al contrario, aprenda a aceptar a la gente como es. No juzgue ni critique. Mire, escuche y, sobre todo, tenga una mentalidad abierta. Intente valorar todas las circunstancias en juego. Al mismo tiempo, debe dejar muy claro que no es usted una persona fácil de convencer. No dude en hablar con sinceridad, aunque eso suponga quedarse solo. El hecho de que quizá no haya intereses en común no debe desalentarlo. Los lazos profundos y duraderos entre las personas se basan no en intereses mutuos sino en la verdad.

Otros aspectos de la situación

UN NUEVE AL INICIO
Sea sincero. Base sus acciones en lo que verdaderamente cree que es correcto. No cuente con nada excepto consigo mismo. El resultado podría ser la confusión. No se involucre en nada de naturaleza dudosa.

UN NUEVE EN EL SEGUNDO LUGAR
Sea absolutamente sincero en lo que dice y hace. Si expresa la verdad, sus palabras influirán en las mentes y los corazones de aquellas personas que sintonizan con usted. Las relaciones basadas en esos cimientos serán profundas, duraderas y alcanzarán la felicidad.

UN SEIS EN EL TERCER LUGAR
Si depende de otras personas para sentirse fuerte y seguro de sí mismo, se verá profundamente influido por sus caracteres y opiniones; podría sentirse muy feliz un día y extremadamente desgraciado al día siguiente. Le resultaría beneficioso aprender a conocerse y confiar más en sí mismo.

UN SEIS EN EL CUARTO LUGAR
Debe usted ser leal a lo que realmente considera que es la verdad. Deje a

un lado preocupaciones egoístas y no ceda ante ninguna clase de presión. Le sería beneficiosa la orientación de alguien más sabio y experimentado.

UN NUEVE EN EL QUINTO LUGAR

Si está usted tan profundamente comprometido con la verdad que ésta impregna cuanto dice y hace, puede ayudar a cambiar la situación. Su sinceridad pesará sobre todos los implicados. El desenlace será muy afortunado.

UN NUEVE EN EL LUGAR SUPERIOR

Cuidado con lo que dice. No fanfarronee ni haga promesas que no puede cumplir. Si peca de exceso de ambición, se creará serios problemas.

62

La Preponderancia de lo Pequeño

≡≡
≡≡
≡≡≡

Desde hace mucho tiempo me he guiado por el axioma de que las cosas infinitamente pequeñas son las más importantes.

Sir Arthur Conan Doyle

En estos momentos no puede llevarse a cabo nada de cierta envergadura. Por tanto, no trate de emprender importantes asuntos. No tiene el poder suficiente para realizarlos a su gusto. Le resultará beneficioso tratar de pasar inadvertido y prestar atención a lo que tiene entre manos. Dedíquese tranquilamente a la rutina diaria. Ocúpese de los asuntos ordinarios y cotidianos. No lo considere una tarea indigna de usted. Nunca está de más cuidar de los detalles. Reconozca sus limitaciones. No trabaje demasiado ni intente abarcar más de lo que realmente puede. Conserve los pies en el suelo y disfrute de las pequeñas cosas de la vida. No corra riesgos. No sea ni orgulloso ni ambicioso; se atraería la antipatía de la gente. En cambio, si es modesto, estarán encantados de ayudarlo.

Una oportunidad para el crecimiento personal

El desafío reside en que acepte la presente situación con buen humor y espíritu humilde. Domine el orgullo y la ambición. Esto en modo alguno significa renunciar a la dignidad. Al contrario, la situación exige toda su capacidad de autodominio. Preocúpese, sobre todo, de demostrar cortesía y consideración respecto a los demás. No imponga exigencias excesivas y evite que la frustración lo empuje a reacciones desmesuradas. No es el momento más oportuno para dejarse ver. No se ponga en evidencia o intente impresionar a los demás. Si es modesto, sus relaciones medrarán. La situación es una prueba para su paciencia y estabilidad.

Otros aspectos de la situación

UN SEIS AL INICIO
No se salga de los caminos trillados y conocidos. No está lo suficientemente preparado para dar un salto hacia adelante. Espere a tener una perspectiva más amplia de la situación.

UN SEIS EN EL SEGUNDO LUGAR
Está usted limitado en cuanto a posibilidad de acción. Confórmese con lo que cabe dentro de sus capacidades. Si aprovecha los recursos a su alcance, todo saldrá bien.

UN NUEVE EN EL TERCER LUGAR
Guárdese del exceso de confianza. Podrían cogerlo desprevenido inesperadas dificultades. Ponga atención en el detalle. Sea prudente y juicioso.

UN NUEVE EN EL CUARTO LUGAR
No trate de alcanzar su meta. Extreme la prudencia. Si fuerza la cuestión, se verá en una posición apurada. No intente hacer más de lo que puede. Esta situación no durará para siempre. Entretanto, sea paciente y manténgase en los límites de lo posible.

UN SEIS EN EL QUINTO LUGAR
Aunque ha logrado bastante, no es lo suficientemente fuerte para hacer

más por sí solo. Si quiere seguir avanzando, necesita la ayuda de gente de relevante experiencia. Sea respetuoso. No dé por sentado que cualquiera a quien recurra se sentirá obligado a prestarle apoyo.

UN SEIS EN EL LUGAR SUPERIOR

No intente volar demasiado alto. Reconozca y respete sus limitaciones. No intente impresionar. Si trata de ir más allá de lo posible, se buscará problemas.

63

Después
de la Consumación

$$\overline{}\ \ \overline{}$$

He combatido bien, he terminado mi carrera, he conservado la fe.

Timoteo 2

Todo parece estar en perfecto orden. Básicamente, ha llevado usted a cabo lo que se proponía. Sólo quedan pendientes los detalles. Sería demasiado fácil sentarse y relajarse, presumiendo que ahora la situación marchará por sí misma. Pero no será así. Precisamente en este estadio las cosas pueden torcerse. En cualquier aspecto de la vida, cuesta trabajo llegar al súmmum de la perfección en algo. Si deja que las cosas sigan su curso, irán cuesta abajo. Ponga extremada atención en los detalles. Puede estar seguro de que surgirán problemas a menos que proceda con prudencia. Tome las debidas precauciones para impedir que tal cosa ocurra. Hombre precavido vale por dos. Si goza usted de relaciones consolidadas, no las dé por seguras. Necesitan cuidado y atención para conservar la estabilidad.

Una oportunidad para el crecimiento personal

Es ley de vida que todo cambie. Por tanto, esto significa que nada permanece como es de forma indefinida. El hecho de que haya conseguido algo no quiere decir que el proceso se detenga justo en este punto. Así pues, para consolidar los avances hay que mantener la olla en el fuego y vigilarla; si el fuego se apaga o el agua se agota, tendrá problemas. Esto significa que debe tener mucho cuidado. Observe lo que hay que hacer para seguir manteniendo el hervor de la olla. Si se despreocupa o pierde interés, la situación empezará a decaer.

Otros aspectos de la situación

UN NUEVE AL INICIO
Sigue usted avanzando. Pero no caiga en la tentación de ir demasiado deprisa, ansioso por obtener resultados. Antes de dar un paso, considere cuidadosamente lo que éste puede implicar. Si actúa impulsivamente, corre el peligro de crearse problemas.

UN SEIS EN EL SEGUNDO LUGAR
Algún problema causa un retraso temporal, pero no es importante. No intente forzar las cosas. Aguarde con paciencia. Cuando se empeña usted en conseguir algo, al final nada puede impedírselo.

UN NUEVE EN EL TERCER LUGAR
Ha logrado algo muy difícil. Tenga cuidado de no echar por la borda los resultados de su arduo trabajo involucrando a alguien que no es de fiar o no está suficientemente preparado.

UN SEIS EN EL CUARTO LUGAR
Manténgase en guardia. Podría haber problemas al acecho. No puede usted permitirse el lujo de tomarse las cosas a la ligera o ser demasiado blando con los demás.

UN NUEVE EN EL QUINTO LUGAR
Sea sincero. Evite el derroche. No crea que debe caer en extremos

para impresionar a los demás. Es mucho mejor hacer las cosas con sencillez pero de corazón. Si tiene buenos sentimientos, atraerá la buena suerte.

UN SEIS EN EL LUGAR SUPERIOR
No se conforme con sentarse y contemplar lo conseguido hasta ahora. No puede permitirse el lujo de dormirse en los laureles. Si deja que las cosas sigan su curso, perderá lo ganado. Siga adelante.

64

Antes de la Consumación

☷

¡Porque los tiempos están cambiando!

BOB DYLAN

Son tiempos difíciles. Hay un enorme potencial para cambiar a una situación mejor, pero todavía no hay nada firme. Debe usted estar completamente decidido a alcanzar su meta. El problema es cuál puede ser la mejor manera de conseguirlo. Se siente empujado en direcciones distintas y se siente un tanto confuso. Hay que tomar decisiones. Sin embargo, en estos momentos, de nada le sirve la experiencia acumulada. En primer lugar, debe tener absolutamente claro en su mente qué resultado desea obtener. Asegúrese de que cada paso lo lleva en esa dirección. Proceda con extrema cautela. Utilice el sentido común. Sea astuto y flexible. Esté alerta a cualquier señal que le indique que la estrategia no funciona. Si tal cosa ocurre, deténgase y reflexione sobre cuál podría ser el camino más efectivo. Tenga mucho cuidado. Con tal de que no dé nada por sentado, triunfará.

Una oportunidad para el crecimiento personal

Su capacidad para resistir presiones será puesta a prueba. Como las cosas podrían torcerse con cierta facilidad, su posición es precaria. Cada movimiento que haga tendrá un efecto significativo en las perspectivas de éxito. Tenga mucha paciencia. Conserve la calma y la sangre fría. Los asuntos tardarán en resolverse. No caiga en la tentación de correr riesgos para precipitar las cosas. En estos momentos verdaderamente cruciales, pueden salir a la superficie sus temores e inseguridades. Para contrarrestarlos, no abrigue falsas expectativas respecto a sí mismo. Hágalo lo mejor que pueda, paso a paso.

Otros aspectos de la situación

UN SEIS AL INICIO

No se deje arrastrar por el ansia de obtener resultados a toda costa. Si actúa con precipitación, lo perderá todo. Todavía no está usted en situación de entender qué es lo mejor que puede hacer. Refrénese y no haga nada.

UN NUEVE EN EL SEGUNDO LUGAR

Prepárese a dar el paso siguiente pero no haga nada todavía. Ya llegará el momento oportuno de actuar. No se impaciente.

UN SEIS EN EL TERCER LUGAR

No está usted en una posición suficientemente fuerte para manejar la situación sin ayuda. No lo intente siquiera. La solución pasa por tratar de salir lo menos malparado posible, conseguir algún tipo de ayuda y comenzar de nuevo.

UN NUEVE EN EL CUARTO LUGAR

Tiene usted una batalla que librar. Tendrá que resolver difíciles cuestiones antes de alcanzar la meta. Quizá tenga que luchar con su propio yo y con problemas que usted mismo se crea, o enfrentarse con otra persona. De cualquier modo, le hará falta coraje y fuerza de voluntad para salir vencedor. Al final, su determinación se verá recompensada.

UN SEIS EN EL QUINTO LUGAR

Ha ganado usted. Su paciencia y determinación han sido recompensadas.

Ahora el camino está despejado. Los demás reconocerán que lo que usted ha conseguido es un éxito enorme y le brindarán su confianza y apoyo.

UN NUEVE EN EL LUGAR SUPERIOR

Está usted a punto de alcanzar la meta. Sin duda es algo que hay que celebrar. Pero no se confíe. Si el entusiasmo lo lleva a hacer alguna locura, se creará problemas y los demás perderán la confianza en usted.

Los nombres y los números de los hexagramas

Número	Nombre
1	Lo Creativo
2	Lo Receptivo
3	La Dificultad Inicial
4	La Necedad Juvenil
5	La Espera
6	El Conflicto
7	El Ejército
8	La Solidaridad
9	La Fuerza Domesticadora de lo Pequeño
10	El Porte
11	La Paz
12	El Estancamiento
13	Comunidad con los Hombres
14	La Posesión de lo Grande
15	La Modestia
16	El Entusiasmo
17	El Seguimiento
18	El Trabajo en lo Echado a Perder
19	El Acercamiento
20	La Contemplación
21	La Mordedura Tajante
22	La Gracia
23	La Desintegración

Clave para identificar los hexagramas

TRIGRAMA SUPERIOR / TRIGRAMA INFERIOR	☰	☳	☵	☶	☷	☴	☲	☱
☰	1	34	5	26	11	9	14	43
☳	25	51	3	27	24	42	21	17
☵	6	40	29	4	7	59	64	47
☶	33	62	39	52	15	53	56	31
☷	12	16	8	23	2	20	35	45
☴	44	32	48	18	46	57	50	28
☲	13	55	63	22	36	37	30	49
☱	10	54	60	41	19	61	38	58